千寻 与世界相遇

千寻
Neverend

选题策划	千寻 Neverend
项目编辑	云海燕
装帧设计	木
内文排版	史 明
责任印制	盛 杰
营销编辑	奚嘉阳

与世界对话

与狗对话

傅阳 编著

晨光出版社

Contents

目录

说   1

读   41

    狂人日记（节选）　　鲁迅　43

    狗之晨　　老舍　46

    狗（其一）　　梁实秋　55

    狗（其二）　　梁实秋　58

    一条野狗　　梁实秋　62

    讲狗　　周建人　66

    边城（节选）　　沈从文　69

    花狗　　萧红　77

    木木（节选）　　〔俄〕屠格涅夫　巴金/译　81

    史记・孔子世家（节选）　　〔汉〕司马迁　104

    人类的朋友——狗（节选）　　〔比〕梅特林克

                                   葛文婷/译　105

作   111

    漫游世界的狗　　裴若辰（四年级）　113

I

狗的自白　　杨俐文（五年级）　114

狗吠　　文竹（五年级）　116

狗与人　　马梓玹（五年级）　118

人心、狗心　　赵健钧（五年级）　121

吠　　裘依萱（五年级）　122

狗　　吴玟慧（五年级）　124

吠　　应镕伊（五年级）　126

狗尾草和月亮　　潘周惟（五年级）　127

猫·狗·人　　郑朝喆（五年级）　128

老人　　吕屹林（五年级）　129

雪地上的狗　　许一诺（五年级）　130

使命　　高允方（五年级）　131

狗　　奚浚哲（五年级）　133

黄狗　　鲁子烁（五年级）　134

狗的使命　　周家悦（五年级）　135

狗有几条命？　　刘青岚（五年级）　137

回形针　　嵇子悠（六年级）　139

故事　　薛乔今（六年级）　141

今天是狗　　谢靖菡（六年级）　143

门　　陈奕名（六年级）　144

狗像光　　逯朴（六年级）　146

猫与狗　　李了（六年级）　148

狗吠　　张可栩（六年级）　150

吠天　　刘丰鸣（六年级）　151

狗与月亮　　徐莎茗（六年级）　152

云里雾里　　朱沁怡（六年级）　154

狗活　　顾念（六年级）　156

疑问集　　白清然（六年级）　158

黑白　　叶宇馨（七年级）　161

圆月　　解芷淇（七年级）　163

明月夜　　张嘉禾（七年级）　165

月与雪　　王禹哲（七年级）　167

吠月　　黄海瞻（七年级）　169

光　　袁子煊（七年级）　171

月城　　陈天悦（七年级）　173

黑云　　叶悠然（七年级）　175

我与"狗"的对话　　**178**

III

A Talk with Dogs

/

说

> 在一个阳光灿烂的午后,同一只狗坐在山坡上,就仿佛回到伊甸园,在那里无所事事也不会无趣——一切都那么平静。

捷克小说家米兰·昆德拉的这段文字中包含了几个元素?首先天气是阳光灿烂的,时间是午后,地点在山坡上,有一只狗和一个人,也就是作者本人。狗在这里扮演了举足轻重的角色。阳光、午后、山坡、狗,一切都那么平静,即使无所事事,也不会觉得无趣。记得一定是午后而不是别的时间。这个时候,要阳光有阳光,人和狗也都吃饱了,如果饿着肚子,那就不好了。此时此刻,人和狗坐在阳光下、山坡上,懒洋洋的,相当于休息。

我们这一课就是与狗对话。

先来读日本作家德富芦花的一段话:

草地上的花草已经枯萎，像是铺满了灰色的长绒棉。我家的三只小狗沐浴着阳光，悠然自得地躺在草地上打着滚，玩得十分高兴。不管过去和未来怎样，至少现在它们看上去是幸福的。我在一旁远远地看着它们，也不由得幸福满面。如此说来，我也是个有幸之人。

狗的幸福如此简单，有阳光，有草地就够了。其实，人的幸福也可以如此简单。德富芦花的笔触平静而温暖，但并不是所有的狗都能享受到这样的幸福。

喜欢狗的人很多。西班牙画家毕加索有一只养了十六年的狗。他常常将这只狗抱在怀里。狗老了，画家也老了。

现在来读当代散文家刘亮程的《狗这一辈子》：

一条狗能活到老，真是件不容易的事儿。太厉害不行，太懦弱不行，不解人意、太解人意均不行。总之，稍一马虎便会被人吃了肉剥了皮。狗呀，本是看家守院的，更多时候却连自己个儿都看守不住。

等狗活到一把子年纪，狗命便相对安全了，这倒不是狗活出了什么经验。尽管

六十九岁的毕加索

一条老狗的见识，肯定会让一个走遍天下的人吃惊。可狗却不会像人，年轻时咬出点名气，老了便可坐享其成。狗一老呀，再无人谋它脱毛的皮，更无人敢问津它多病的肉体，这时的狗，很像一位历经沧桑的老人，世界已拿它没有办法，只好撒手，交给时间和命。

狗命不值钱。狗能不能活到老，也看狗的命运。

两千五百多年前的老子留下了《道德经》五千言，其中有一句话："邻国相望，鸡犬之声相闻，民至老死不相往来。"有鸡叫，有狗叫，这是人间的声音。

东晋诗人陶渊明的《归园田居（其一）》里也有一句："狗吠深巷中，鸡鸣桑树颠。"

南宋诗人范成大的《晚春田园杂兴十二首（其三）》，大家一起来读：

蝴蝶双双入菜花，日长无客到田家。
鸡飞过篱犬吠窦，知有行商来买茶。

狗依然跟鸡一起，难怪"鸡飞狗跳"已成了一个成语。鸡飞过了篱笆，狗在哪里叫？"窦"就是小小的狗洞。看见陌生人来买茶,狗就叫了。

李白也写过一句诗:"犬吠水声中,桃花带露浓。"不同的是,狗跟桃花在一起。难道狗也喜欢桃花?狗也会欣赏桃花的美丽吗?有人觉得会。狗会欣赏琴声吗?也有人觉得会,可是古人只创造了"对牛弹琴",而不说"对狗弹琴"。

大家一起来读唐代诗人刘长卿的五绝《逢雪宿芙蓉山主人》:

日暮苍山远,天寒白屋贫。
柴门闻犬吠,风雪夜归人。

夜色沉沉,又是刮风,又是下雪,为什么狗叫了?有人回来了。

我们来看苏轼的《江城子·密州出猎》第一句:"老夫聊发少年狂,左牵黄,右擎苍。"狗在哪里?"左牵黄"的"黄"就是一只黄狗,"苍"则是一只老鹰。左边牵一只黄狗,右边举一只老鹰。苏东坡要去打猎了。

"唐宋八大家"之一的柳宗元写过一篇文章,说起屈原曾写过一句:"邑犬群吠兮,吠所怪也。"狗为什么集体在那里叫?是因为看到怪现象。什么是怪?少见多怪而已。柳宗元在四川，那里因为多雨，少有晴天，太阳出来，狗就要叫。所以中国有个成语叫"蜀犬吠日"。四川盆地太阳辐射少，狗看见太阳觉得好奇，因此"日出则犬吠"。

明末清初作家张岱编的《夜航船》中说，中国的传说里，有两只狗，一只是天狗，另一只是蜀犬。出生于四川的诗人郭沫若写过一首诗《天狗》，另一位四川诗人钟鸣写过一篇《天狗吠日》，他认为蜀犬是地狗，为何吠日，原因要简单些，因为整日很难见到太阳，这让它消沉，"而消沉到一定时辰，便怒目决眦，朝天吠日"。

马耳他诗人安东·布蒂吉格写过一首诗《狗》，大家一起来读：

在一家农舍的屋顶上
一只狗，红着眼睛
不停地对着月亮狂吠，
最后，黑暗来临，
狗睡着了
它很高兴地想着
是它把月亮从天上吓跑了
跑得远远的。

马耳他的狗不停地对着月亮叫。

我发现对着月亮叫的狗多,对着太阳叫的狗比较少见。

我们来读黎巴嫩诗人纪伯伦的散文诗《圆月》:

> 一轮圆月升起,光华普照城郭,城里的狗都对着月亮吠叫不止。
>
> 然而有一条狗没叫。它厉声对同伴说:"你们的吠叫声既不能起死回生,也不能让月亮落地。"
>
> 霎时间,所有的狗终止吠叫,全城陷入吓人的寂静之中。但对大家说话的那条狗,为了寂静,持续叫了一整夜。

这条黎巴嫩的狗是对着圆月叫。

无论是中国的狗、马耳他的狗还是黎巴嫩的狗都是狗,狗性是相通的。我父亲的好朋友、画家张铭年轻时写过一首诗《月夜》,大家一起来读:

> 和平的明月
> 将她和平的光
> 洒在梦中人类的心上

夜以他深沉的爱
宽恕了白日所有的是与非

…………
地球的路上
有人在喃喃地
说着什么

明月之夜呀
连狗也在规规矩矩地
徘徊

同样是写月夜的狗,但这狗没有在吠月。我马上想到了鲁迅的《狂人日记》,里面也有月亮,也有狗,那是一只赵家的狗。我们来读几段:

一

今天晚上,很好的月光。

我不见他,已是三十多年;今天见了,精神分外爽快。才知道以前的三十多年,全是发昏;然而须十分小心。不然,那赵家的狗,何以看我两眼呢?

与世界对话／与狗对话

西方油画中月夜下与主人散步的狗。
《斯卡恩海滩的夏日之夜,艺术家和他的妻子》,1899 年
[丹]佩德·塞韦林·克罗耳／绘

我怕得有理。

六

黑漆漆的,不知是日是夜。赵家的狗又叫起来了。

狮子似的凶心,兔子的怯弱,狐狸的狡猾,……

赵家的狗什么时候又叫起来了?也许就在晚上,在很好的月光下面。这可以叫"赵犬吠月"。

哪里的狗会对着月亮叫?马耳他的、黎巴嫩的,还有中国——赵家的狗,只有《月夜》中的狗规规矩矩地走来走去。

纪伯伦还写过一篇《聪明的狗》,大家一起来读:

一天,一只聪明的狗打一群猫旁边走过。当狗接近猫群时,见猫们个个全神贯注,根本没有注意它的到来。狗停下脚步,惊异地望着猫们。

当狗正注视着猫们时,只见一体态硕大的猫站起来,面浮严肃表情,望了望同伴们,说道:"信士兄弟们,祈祷吧!我老实告诉你

> 们，你们祈祷，反复热烈祈祷，天就会答应你们的要求，立即给你们降下老鼠。"
>
> 聪明的狗听了这重要的训诫，心中暗笑它们，边重复自己的话，边离开它们，说："这群猫多么愚蠢！它们的眼多瞎！连书上写的东西都不知道！书上写着的，我和我的先辈不是都读过吗？他们不是告诉我说，老天对祈祷、哀求的应答不是降老鼠，而是降骨头吗？"

天降老鼠和天降骨头，你觉得到底是狗聪明，还是猫聪明？

民国时期，叶圣陶和丰子恺编写的《开明国语课本》上有这样一篇课文：

> 我有一个故事说给你听。一只狗在桥上，嘴里衔着骨头，看见河里一只狗嘴里也衔着骨头。它想吃那只狗的骨头，把嘴张开，嘴里的骨头就落到河里去了。

为什么桥上的这只狗要吃河里那只狗衔着的骨头？那骨头是谁嘴里的？那狗也算聪明的狗吗？

作家老舍写过一篇散文《狗之晨》，里面那只狗的名字叫"大黑"。我们来读下面这两段：

> 大黑要是有个缺点，那就是好欺侮苦人。见汽车快躲，见穷人紧追，大黑几乎由习惯中形成这么两句格言。叫花子也没影了，大黑想象着狂咬一番，不如是好像不足以表示出自己的尊严，好在想象是不费什么实力的。
> ……………
> ……"大"字是他的主心骨。"大"字使他对小哈巴狗，瘦猫，叫花子，敢张口就咬；"大"字使他有时候对大狗——像黄子之类的——也敢露一露牙，和嗓子眼里细叫几声；而且主人在跟前的时候，"大"字使他甚至于敢和黄子干一仗，虽明知必败，而不得不这样牺牲。狗的世界是不和平的，大黑专仗着这个"大"字去欺软怕硬地享受生命。

"大黑"就属于嫌贫爱富，狗眼看人低，看见穷人就紧追，而看见汽车就躲，其实是怕汽车。

散文家梁实秋不喜欢狗，抗战期间，他在重庆租房子住，房东家养着一只地地道道的笨狗。他推开门，

总是遇到狗:

> 平常倒也彼此相安,但是遇到它正在啃骨头或是心绪欠佳的时候,它便"呼"地一下子扑上身来,有一次冷不防被它把裤子咬破一个洞,至今这个洞还没有缝起来。

他接受一个朋友的劝告,买了十个铜板的大饼喂狗,果然狗摇着尾巴来了,他把饼都给它吃了。他大踏步走出门口,不料这狗一下咬住了他的衣襟,幸亏房东出来赶走了它,但他的衣襟上已有了两个窟窿。他的裤子、衣服上都有狗留下的窟窿,这样的狗当然是他不喜欢的。

梁实秋在另一篇也题为《狗》的散文中说:"不过使我最难堪的还不是狗,而是他的主人的态度。"我们来读下面这段:

> 我并不是说主人也帮着狗狺(yín)狺然来对付我,他们尚不至于这样的合群。我是说主人对我并不解救,看着我的狼狈而哄然嚎笑,泛起一种得意之色,面带笑容对狗嗔骂几声:"小花!你昏了?连×先生你都

不认识了！"骂的是狗，用的是让我所能听懂的语言。那弦外之音是："我已尽了管束之责了，你如果被狗吃掉莫要怪我。"然后他就像是在罗马剧场里看基督徒被猛兽扑食似的作壁上观。俗语说"打狗看主人"，我觉得不看主人还好，看了主人我倒要狠狠地再打狗几棍。

后来他自己在没有围墙的"雅舍"也养过狗，他悟出了这个道理："养狗的目的就是要它咬人，至少作吃人状。……所以狗咬客人，在主人方面认为狗是恪尽厥职，表面上尽管对客抱歉，但心里是有一种愉快，觉得我的这只狗并非是挂名差事，他守在岗位上发挥了作用。所以对狗一面诃责，一面也还要嘉勉。"

他还写过《一条野狗》，他曾住过一处，楼上有人养狗，虽然他从未见过这狗，连雌雄、妍媸[1]、胖瘦都不知，但这狗每天黎明时分必会准时狂吠，以极不悦耳的短促而连续的声音嗥叫，将上下左右的邻居从熟睡中惊醒。这让他想起古人形容人民安居乐业的表现之一就是"狗不夜吠"。

现在我们来读现代诗人杜运燮的这首诗《狗》：

---

[1] 美和丑。媸，读音为 chī。

有了主人,就只会垂耳摇尾了;
进了书房,就只会睡觉了;女主人
上街时忽然需要一个装饰,
它也学会戴上洋派的硬领;

学会读老爷的日常脸色,
敷衍少爷小姐们的爱玩脾气,
接受了恩赐的安全,甘心情愿地
收起祖祖辈辈使用的生存武器。

因此也厌倦起原野和古森林,
轻视过去伙伴们相扑相咬的欢乐,
失去长嗥的热情:因此嗓子也变了,
只会呷唔撒娇,咳嗽着报告有客。

狗被豢养,渐渐失去了应有的狗性,不再有与狗类相扑相咬的欢乐,也没有了长嗥的热情,只剩下向主人摇尾、献媚、撒娇的本事了。相比之下,惊扰了梁实秋清梦的那只狗,毕竟每天黎明还会准时狂吠。杜运燮毕业于西南联大外语系,是"九叶派"的重要诗人,这首诗写得很生动。

鲁迅的三弟、生物学家周建人写过一篇散文《讲狗》，大家一起来读：

　　它的毛色虽有黄，有黑，有黑白相间，或者还有别的变化。但它会摇头，会摆尾，并且会"汪汪"地叫，这些特性，叫人一见之后，不会忘记。……养狗的专家说世界上的狗约有二百种，有的身体很高大，有的小到只像一只猫。然而我们见了无论哪种狗，一见便知道它是狗，决不会误看作别的走兽。因为狗的特性我们知道得很清楚。

　　……又狗极警觉，猎人夜间如宿在帐篷里，有狗在旁，可以免除或减少被猛兽袭击的危险。爱斯基摩人叫狗拉雪车。呵华特说有些地方的人又叫狗捉鱼。它会把鱼赶到浅滩上，从水里捉起它们来。遇到战争时，救护员常须带狗，叫它去找寻伤兵，此外还有别种用途。狗的形状并不怎样美好，它的叫声也并不佳妙，直从远古时代养下来，今日凡有人烟之处，几乎无不养狗，可见大有原因了。

　　为什么人类热衷于养狗？因为狗有用处，第一是狗警觉，它会叫，可以发现危险，这让我们想到刘长卿的"柴门闻犬吠,风雪夜归人"。第二是狗会拉雪橇。第三是狗会捉鱼。第四是狗还会寻找伤兵。狗有许多特别的本事,所以人类喜欢狗。

我们再往下读:

> 上海有一派的乞丐,养着一只狗,出来要钱时,自己坐着,叫狗前足跪下,后足立直,屁股耸得高高的跪在旁边。这简直是受苦刑了,然而狗好像并不怨恨。

这样看来,狗还有一种用处,代人乞讨。

大家继续往下读:

> 富人养狗,是为了有了保险箱还怕不够牢靠。耍把戏的养狗是为了赚钱,乞丐养狗是为了叫它代替自己跪求。摩登女人养狗是因为玩到没有东西可玩了,遂来玩狗;这即使不是利用,至少是玩弄。

乞丐、富人、耍把戏的,不同的人养狗有不同的目的,摩登女人养狗是为玩狗。现在有很多人养狗的目的都属于玩狗。不仅有摩登女人,也有摩登男人,

西方油画中贵妇和她的爱犬。
《玛丽·维内蒂娅·詹姆斯夫人》，1895年
〔英〕塞缪尔·卢克·菲尔德斯 / 绘

目的都是如此。

那么,周建人喜欢狗吗?我们继续读:

> 我的不爱好狗,不是全因感情作用,是更有别的理由的,我常见富人的狗看见穷人常常要叫;穷人的狗看见富人却常常不叫。这不由得不叫人觉着狗心势利,缺乏理智,不可以做朋友。我又常见狗受它的主人的指使时,便奋不顾身地去咬生人,被主人打骂时却俯首帖耳,表示服从,还要摇摇尾巴,表示亲密。我记得法国的大名家蒲封曾说过:狗有不思报复,单知服从,没有野心等德性,这些性质我实在不敢称赞。

这是他不喜欢狗的理由,狗仗人势,狗眼看人,嫌贫爱富,摇尾乞怜,狗性自有不讨人喜欢的一面。因此,他并不认同蒲封(现在通常译为布封)推许的那些狗的德行。

现在我们来读鲁迅的散文诗《狗的驳诘》:

> 我梦见自己在隘巷中行走,衣履破碎,像乞食者。

一条狗在背后叫起来了。

我傲慢地回顾,叱咤说:

"呔!住口!你这势利的狗!"

"嘻嘻!"他笑了,还接着说,"不敢,愧不如人呢。"

"什么!?"我气愤了,觉得这是一个极端的侮辱。

"我惭愧:我终于还不知道分别铜和银;还不知道分别布和绸;还不知道分别官和民;还不知道分别主和奴;还不知道……"

我逃走了。

"且慢!我们再谈谈……"他在后面大声挽留。

我一径逃走,尽力地走,直到逃出梦境,躺在自己的床上。

虽然说狗眼看人低,但人眼看人比狗眼看人还要低。毕竟狗还不懂得区分铜和银、布和绸、官和民、主和奴,说明狗没那么势利,人比狗更势利。

鲁迅在梦中被狗诘问,感到惭愧,尽力逃出了这个梦境。

这让我想起法国大革命时被送上断头台的著名政

治家罗兰夫人的那句话:"我对人了解得越深,就越是喜欢狗。"毕竟狗的心思比人单纯。

那么,你觉得是否像法国博物学家布封所说,狗也有美德?

1915年获得诺贝尔文学奖的法国作家罗曼·罗兰,在他最重要的长篇小说《约翰·克利斯朵夫》中写过一只小黑狗:

> 阿娜有一条小黑狗,眼睛挺聪明挺温和,全家都很疼它。克利斯朵夫关起房门工作的时候,常常把它抱进屋子里,丢下工作,逗它玩儿。他要出门,它就在门口等着,紧盯着他:它需要有个散步的同伴。它在前面拼命飞奔,不时停下来,对自己的矫捷表示得意,眼睛望着他,挺着胸部,神气俨然。它会对着一块木头狂叫,但远远地看到了别的狗就溜回来,躲在克利斯朵夫两腿之间直打哆嗦。

只敢对着木头狂叫、见了别的狗都会打哆嗦的小黑狗,无疑是懦弱的,却是可爱的。在俄国作家果戈理的长篇小说《死魂灵》中,狗与人亲热极了,我们来读这一段:

罗士特莱夫在它们中，完全好像在他的自己家族之间的父亲：所有的狗，都高高兴兴地翘起了猎人切口之所谓"鞭"的尾巴，活泼地向客人们冲来，招呼了。至少有十条狗向罗士特莱夫跳起来，把爪子搭在他的肩膀上。骂呀（狗的名字）向乞乞科夫也表示了同样的亲爱，用后脚站起，给了一个诚恳的吻，至于使他连忙吐一口唾沫。于是罗士特莱夫用以自傲的狗的好筋肉，大家都已目睹了——诚然，狗也真的好。

大家来读另一位俄国作家屠格涅夫的散文诗《狗》：

房间里是我们两个：我的狗和我。院子里呼啸着吓人的、疯狂的暴风雪。

狗趴在我跟前——直盯着我的眼睛。

我，也望着它的眼睛。

它似乎想对我说点什么，它是个哑巴，它不会说话，它不了解它自己——但是我了解它。

我知道，在这一瞬间，在它和我的心中都存在着同一种感觉，我们之间并无任何差别。

>我们是完全相同的；在我们心中燃烧着、照耀着的，是同样的一颗忽闪忽闪的小火光。
>
>死神飞来了，对着这火光，拍动它冰冷的宽阔的翅膀……
>
>于是完结了！
>
>事后谁会去分辨，在我们各自的心中燃烧过的到底是怎样的火光呢？
>
>不！这不是一只动物和一个人在互相询视……
>
>而是两双一模一样的眼睛在彼此凝视。
>
>在这两双眼睛当中的每一双里，在动物心中和在人的心中——是一个生命在向另一个相同的生命怯生生地贴近。

当人与狗相互对望的那一刻，人狗的界限模糊了，甚至消失了，屠格涅夫感受到的是生命与生命的彼此贴近。

中国作家沈从文的中篇小说《边城》描绘了湘西地区极具特色的风土人情，其中有一只黄狗，它与人相处如家人。我们先来读一段：

>管理这渡船的，就是住在塔下的那个老

人。活了七十年,从二十岁起便守在这小溪边,五十年来不知把船来去渡了若干人。年纪虽那么老了,骨头硬硬的,本来应当休息了,但天不许他休息,他仿佛便不能够同这一分生活离开。他从不思索自己职务对于本人的意义,只是静静地很忠实地在那里活下去。代替了天,使他在日头升起时,感到生活的力量,当日头落下时,又不至于思量与日头同时死去的,是那个伴在他身旁的女孩子。他唯一的朋友是一只渡船和一只黄狗,唯一的亲人便只那个女孩子。

这户人家只有爷爷和孙女,还有一只渡船和一只黄狗。孙女翠翠有时和爷爷、黄狗一同在船上,过渡时帮爷爷一同动手牵缆索。这时,黄狗会做什么?我们接着往下读:

> 船将近岸边,祖父正向客人招呼"慢点,慢点"时,那只黄狗便口衔绳子,最先一跃而上,且俨然懂得如何方为尽职似的,把船绳紧衔着拖船拢岸。
> 风日清和的天气,无人过渡,镇日长闲,

湘西风情

> 祖父同翠翠便坐在门前大岩石上晒太阳。或把一段木头从高处向水中抛去，嗾使身边黄狗从岩石高处跃下，把木头衔回来。或翠翠与黄狗皆张着耳朵，听祖父说些城中多年以前的战争故事。

当爷爷讲以前的战争故事时，黄狗会和翠翠一起张着耳朵听。狗听得懂这些故事吗？这是一个不需要问的问题。它听不懂也没有一点关系，它已"张着耳朵"在听。

狗的耳朵很灵，如果远处有了什么动静，黄狗会怎么样？我们继续读：

> 蓬蓬鼓声掠水越山到了渡船头那里时，最先注意到的是那只黄狗。那黄狗"汪汪"地吠着，受了惊似的绕屋乱走；有人过渡时，便随船渡过河东岸去，且跑到那小山头向城里一方面大吠。
>
> 翠翠正坐在门外大石上用棕叶编蚱蜢、蜈蚣玩，见黄狗先在太阳下睡着，忽然醒来便发疯似的乱跑，过了河又回来，就问它骂它：

> "狗,狗,你做什么!不许这样子!"
> 可是一会儿那远处声音被她发现了,她于是也绕屋跑着,并且同黄狗一块儿渡过了小溪,站在小山头听了许久,让那点迷人的鼓声,把自己带到一个过去的节日里去。

端午节,翠翠到镇上去找爷爷,看龙舟的人太多了,她没有发现爷爷的影子,却在水边一眼看到了自己家中那只黄狗,它也正在一只空船上看热闹。我们来读下面这段:

> 翠翠锐声叫喊了两声,黄狗张着耳叶昂头四面一望,便猛地扑下水中,向翠翠方面泅来了。到了身边时,狗身上已全是水,把水抖着且跳跃不已,翠翠便说:"得了,狗,装什么疯!你又不翻船,谁要你落水呢?"

翠翠带着黄狗四处找寻爷爷,走着走着就遇着了。

假如《边城》里没有这只黄狗,只有翠翠、爷爷和渡船,那就少了一个角色,少了一分色彩。黄狗相当于他们家的一个成员。

作家萧红在《花狗》中无比哀伤地写了一只狗因

人的冷落而死去。这是李寡妇养的大花狗:"它是一条虎狗,头是大的,嘴是方的,走起路来很威严,全身是黄毛带着白花。"我们来读下面这几段:

> 大花狗,李寡妇养了它十几年,李老头子活着的时候,和她吵架,她一生气坐在椅子上骂半天会一动不动的,大花狗就陪着她蹲在她的脚尖旁。她生病的时候,大花狗也不出屋,就在她旁边转着。她和邻居骂架时,大花狗就上去撕人家衣服。她夜里失眠时,大花狗摇着尾巴一直陪她到天明。
>
> 所以她爱这狗胜过于一切了,冬天给这狗做一张小棉被,夏天给它铺一张小凉席。
>
> 李寡妇的儿子随军出发了以后,她对这狗更是一时也不能离开的,她把这狗看成个什么都能了解的能懂人性的了。

李寡妇与大花狗可以说是相依为命。

可是后来,因为担心前线的儿子,李寡妇天天外出烧香拜佛,根本不管那大花狗了。有一天,大花狗的前腿被别的狗咬伤了,躺在外院的门口动也不动,奄奄一息。

本想叫人将它埋了，但这个时候，李寡妇又收到儿子的来信，她计算日子，这几天儿子该到家了，于是她逢人便讲，竟又把大花狗忘记了。大花狗在门口孤独地躺了三两天，最后死了——"是凡经过的人都说这狗老死了，或是被咬死了，其实不是，它是被冷落死了。"

狗有狗性，狗也通人性吗？李寡妇曾经爱这狗胜过一切。大花狗受不了这种被冷落的滋味。

狗与人类亲近的历史十分古老。英国生物学家珍妮·古道尔是专门研究灵长类动物的专家，她说："即使已经经过了数百年的选育，除了培养出能和人类共处的黑猩猩外，再难有其他物种能像狗一样与人类拥有这样良好的关系。"

美国记者加林·艾林格在《离开荒野：狗猫牛马的驯养史》这本书中说："无论我们去哪儿，狗都会相随。有时，它们还会先我们一步到达。"我们一起来读：

狗是第一批用自由来交换人类照顾、保护和食物的动物。……

....

狗是文明的代名词，甚至很可能是人类文化演变中的驱动力。人类豢养狗也令自身

珍妮·古道尔

获得了生存优势。狗提醒他们警惕捕食性动物，保护他们免受敌人的骚扰，帮助他们发现、搜索和寻回猎物。有时，狗本身就是一种食物。夏威夷人就养一种胖乎乎的波易狗（Poi dog）来吃。进入历史的新纪元，在文化的更高层面上，狗还激发了人类艺术和文学的灵感。

接着说说人类，我们也是一种文明的力量。如果没有人类，狼就不会过渡到狗，也就是我们熟悉的家犬。

是人类驯养了狗，把野狗驯养成了家狗。

大约公元前450年，也就是差不多两千五百年前，古希腊的历史学家希罗多德曾提及，当家中的猫自然死亡，埃及人会剃掉眉毛以示哀悼。但当家中的狗死后，他们会剃光全身的体毛——与失去家庭成员的哀悼方式一样。也就是说，在古埃及人的心目中，狗比猫更重要。

1789年发生的法国大革命，一直震荡到1793年。法国国王路易十六被送上断头台之后，相隔九个月，被称为"赤字夫人"的王后玛丽·安托瓦内特也上了断头台。当三十七岁的王后人头落地，她的那只狗提斯柏也被杀了：

> 王后头颅落地——片刻死寂，然后是狗痛苦的号叫。瞬间，一个士兵用刺刀刺穿它心脏。

狗跟人类的关系是非常密切的，所以人类非常喜欢狗。

1949年，创立了现代动物行为学的奥地利动物学家康拉德·劳伦兹写了一本书，书名是《人遇见狗》，这是一本面向大众的动物学书籍，书中讲了很多作者与狗相处的有趣故事。1973年，康拉德·劳伦兹和另两人一起获得了诺贝尔生理学或医学奖的荣耀。

地球上最有贡献的狗名叫莱卡。1957年11月3日，苏联宣布了一个震惊世界的消息：

> 一条名叫莱卡的流浪狗已经成为第一个绕地球飞行的"宇航员"。不幸的是，莱卡再也没能回到地球，它将生命献给了载人探索太空的事业。

第一次绕地球飞行的宇航员不是一个人，而是一只狗。莱卡进入太空,再也回不来了,用自己的狗命为载人航天事业开了路。

俄国作家屠格涅夫写过一篇小说《木木》,小说中的木木就是一只狗,它长着一对长耳朵,一条毛茸茸、喇叭似的尾巴,还有一双灵活的大眼睛,而且聪明伶俐,无论跟谁都很要好,它最喜欢的人是干粗活的聋哑人盖拉新。然而,女主人因为没有得到木木的青睐而心生恼怒,最后盖拉新被迫将心爱的木木勒死在河上。我们来读这无比伤心的一段:

> 两边岸上展开了一片的草地、菜园、田地、林子,农家小屋也出现了。农村的气息也闻到了。他丢开桨朝着木木俯下头去,木木正坐在他前面一块干的坐板上(船底积满了水),动也不动一下,他把他那两只气力很大的手交叉地放在"她"的背上,在这时候,浪渐渐地把小船朝城市的方向冲回去。后来盖拉新很快地挺起身子,脸上带着一种痛苦的愤怒,他把他拿来的两块砖用绳子缠住,在绳子上做了一个活结,拿它套着木木的颈项,把"她"举在河面上,最后一次看"她"。……"她"信任地而且没有一点恐惧

地回看他,轻轻地摇着尾巴。他掉开头,眯着眼睛,放开了手。……盖拉新什么也听不见——他听不见木木落下去时候的尖声哀叫,也听不见那一下很响的溅水声;对于他,最热闹的白天也是寂无声响的,正如对于我们最清静的夜晚也并非没有声音一样。

对又聋又哑的盖拉新来说,世界上的声音他听不见,他也说不出来,但木木懂得他的爱。这是一个多么令人哀伤的结局,一个人与狗的双重悲剧。

李寡妇家的大花狗,翠翠家的黄狗,约翰·克利斯朵夫的小黑狗,盖拉新的木木……在不同的文学作品中,狗的形象、命运也各不相同。

鲁迅则在他的杂文中创造了"落水狗"的概念和"叭儿狗"的形象,他在《论"费厄泼赖"应该缓行》一文中说叭儿狗就是哈巴狗:

它却虽然是狗,又很像猫,折中,公允,调和,平正之状可掬,悠悠然摆出别个无不偏激,唯独自己得了"中庸之道"似的脸来。因此也就为阔人、太监、太太、小姐们所钟爱,种子绵绵不绝。它的事业,只是以伶俐的皮毛获得贵人豢养,或者中外的娘儿们上街的时候,脖子上拴了细链子跟在脚后跟。

名为写狗,实乃写人,是讽刺上海某些被豢养的文人,就像叭儿狗那样。

孔子对被人称作"丧家之狗"毫不介意,欣然笑曰:"然哉!然哉!"

北大教授李零写过一本书《丧家狗——我读〈论语〉》,就认为孔子像丧家狗,因为他的理想在现实世界实现不了。

唐代诗人杜甫曾写过一首长诗《可叹》,诗的开头出现了"苍狗"这个词:"天上浮云如白衣,斯须改变如苍狗。古往今来共一时,人生万事无不有。"

像白衣的云一下子变成了黑狗,其实是说云的形状急速变幻,时间变化之快。"白云苍狗"这个成语就是从这句诗里演变来的。

诗人叶楠叶年轻时写过一首诗,其中有这样几句:

陆地
流放了孤岛
人情
又流放了你我

> 如果生地注定着死穴
> 生日搭配了死期
> 那么命运
> 你这狂吠的狗
> 何必摇着尾巴
> 前前后后的引诱

在这首诗中,狂吠的狗是命运。这是出人意料的想象。

最后我们来读诗人芒克的《雪地上的夜》:

> 雪地上的夜
> 是一只长着黑白毛色的狗
> 月亮是它时而伸出的舌头
> 星星是它时而露出的牙齿
>
> 就是这只狗
> 这只被冬天放出来的狗
> 这只警惕地围着我们房屋转悠的狗
> 正用北风的
> 那常常使人从安睡中惊醒的声音
> 冲着我们嚎叫

这使我不得不推开门
愤怒地朝它走去
这使我不得不对着黑夜怒斥
你快点儿从这里滚开吧

可是黑夜并没有因此而离去
这只雪地上的狗
照样在外面转悠
当然,它的叫声也一直持续了很久
直到我由于疲惫不知不觉地睡去
并梦见眼前已是春暖花开的时候

原来,雪地上的夜是一只狗,长着黑白毛色的狗。它有舌头——月亮,它有牙齿——星星,它是被冬天放出来的狗。太好了,从《史记·孔子世家》中的"丧家狗"到鲁迅的"落水狗",从杜甫的"白云苍狗"到芒克的"黑白毛色的狗",狗都已不再是狗。

我们这堂课就上到这里。

A Talk with Dogs

/

读

狂人日记（节选）
鲁迅

一

今天晚上，很好的月光。

我不见他，已是三十多年；今天见了，精神分外爽快。才知道以前的三十多年，全是发昏；然而须十分小心。不然，那赵家的狗，何以看我两眼呢？

我怕得有理。

六

黑漆漆的，不知是日是夜。赵家的狗又叫起来了。

狮子似的凶心，兔子的怯弱，狐狸的狡猾，……

七

我晓得他们的方法，直接杀了，是不肯的，而且也不敢，怕有祸祟。所以他们大家联络，布满了罗网，逼我自戕。试看前几天街上男女的样子，和这几天我大哥的作为，便足可悟出八九分了。最好是解下腰带，挂在梁上，自己紧紧勒死；他们没有杀人的罪名，又偿了心愿，自然都欢天喜地地发出一种呜呜咽咽的笑声。否则惊吓忧愁死了，虽则略瘦，也还可以首肯几下。

他们是只会吃死肉的！——记得什么书上说，有一种东西，叫"海乙那"[1]的，眼光和样子都很难看；时常吃死肉，连极大的骨头，都细细嚼烂，咽下肚子去，想起来也教人害怕。"海乙那"是狼的亲眷，狼是狗的本家。前天赵家的狗，看我几眼，可见他也同谋，早已接洽。老头子眼看着地，岂能瞒得我过。

最可怜的是我的大哥，他也是人，何以毫不害怕；而且合伙吃我呢？还是历来惯了，不以为非呢？还是丧了良心，明知故犯呢？

我诅咒吃人的人，先从他起头；要劝转吃人的人，也先从他下手。

十

当初，他还只是冷笑，随后眼光便凶狠起来，一到说破他们的隐情，那就满脸都变成青色了。大门外立着一伙人，赵贵翁和他的狗，也在里面，都探头探脑地挨进来。有的是看不出面貌，似乎用布蒙着；有的是仍旧青面獠牙，抿着嘴笑。我认识他们是一伙，都是吃人的人。可是也晓得他们心思很不一样，一种

---

[1] 英文 hyena 的音译，即鬣狗。

是以为从来如此，应该吃的；一种是知道不该吃，可是仍然要吃，又怕别人说破他，所以听了我的话，越发气愤不过，可是抿着嘴冷笑。

这时候，大哥也忽然显出凶相，高声喝道：

"都出去！疯子有什么好看！"

这时候，我又懂得一件他们的巧妙了。他们岂但不肯改，而且早已布置；预备下一个疯子的名目罩上我。将来吃了，不但太平无事，怕还会有人见情。佃户说的大家吃了一个恶人，正是这方法。这是他们的老谱！

狗之晨

老舍

　　东方既明，宇宙正在微笑，玫瑰的光吻红了东边的云。大黑在窝里伸了伸腿；似乎想起一件事，啊，也许是刚才做的那个梦；谁知道，好吧，再睡。门外有点脚步声！耳朵竖起，像雨后的两枝慈姑叶；嘴，可是，还舍不得项下那片暖，柔，有味的毛。眼睛睁开半个。听出来了，又是那个巡警，因为脚步特别笨重，闻过他的皮鞋，马粪味很大；大黑把耳朵落下去，似乎以为巡警是没有什么趣味的东西。但是，脚步到底是脚步声，还得听听；啊，走远了。算了吧，再睡。把嘴更往深里顶了顶，稍微一睁眼，只能看见自己的毛。

　　刚要一迷糊，哪来的一声猫叫？头马上便抬起来。在墙头上呢，一定。可是并没有看到；纳闷：是那个黑白花的呢，还是那个狸子皮的？想起那狸子皮的，心中似乎不大起劲；狸子皮的抓破过大黑的鼻子；不光荣的事，少想为妙。还是那个黑白花的吧，那天不是大黑几乎把黑白花的堵在墙角吗？这么一想，喉咙立刻痒了一下，向空中叫了两声。

"安顿着,大黑!"屋中老太太这么喊。

大黑翻了翻眼珠,老太太总是不许大黑咬猫!于是不敢再作声,并且向屋子那边摇了摇尾巴。什么话呢,天天那盆热气腾腾的食是谁给大黑端来?老太太!即使她的意见不对也不能得罪她,什么话呢,大黑的灵魂是在她手里拿着呢。她不准大黑叫,大黑当然不再叫。假如不服从她,而她三天不给端那热腾腾的食来?大黑不敢再往下想了。

似乎受了刺激,再也睡不着;咬咬自己的尾巴,大概是有个狗蝇,讨厌的东西!窝里似乎不易找到尾巴,出去。在院里绕着圆圈找自己的尾巴,刚咬住,"不棱",又被(谁?)夺了走,再绕着圈捉。有趣,不觉得嗓子里哼出些音调。

"大黑!"

老太太真爱管闲事啊!好吧,夹起尾巴,到门洞去看看。坐在门洞,顺着门缝往外看,喝,四眼已经出来遛早了!四眼是老朋友:那天要不幸亏是四眼,大黑一定要输给二青的!二青那小子,处处是大黑的仇敌:抢骨头,闹恋爱,处处他和大黑过不去!假如那天他咬住大黑的耳朵?十分感激四眼!"四眼!"热情地叫着。四眼正在墙根找到包厢似的方便所在,刚要抬腿;"大黑,快来,到大院去跑一回?"

大黑焉有不同意之理，可是，门，门还关着呢！叫几声试试，也许老头就来开门。叫了几声，没用。再试试两爪，在门上抓了一回，门纹丝没动！

眼看着四眼独自向大院跑去！大黑真急了，向墙头叫了几声，虽然明知道自己没有上墙的本领。再向门外看看，四眼已经没影了。可是门外走着个叫花子，大黑借此为题，拼命地咬起来。大黑要是有个缺点，那就是好欺侮苦人。见汽车快躲，见穷人紧追，大黑几乎由习惯中形成这么两句格言。叫花子也没影了，大黑想象着狂咬一番，不如是好像不足以表示出自己的尊严，好在想象是不费什么实力的。

大概老头快来开门了，大黑猜摸着。这么一想，赶紧跑到后院去，以免大清早晨的就挨一顿骂。果然，刚到后院，就听见老头去开街门。大黑心中暗笑，觉得自己的智慧足以使生命十分有趣而平安。

等到老头回到屋中，大黑轻轻地顺着墙根溜出去。出了街门，抖了抖身上的毛，向空中闻了闻，觉得精神十分焕发。然后又伸了个懒腰，就手儿在地上磨了磨脚指甲，后腿蹬起许多的土，"沙沙"地打在墙上，非常得意。在门前蹲坐起来，耳朵立着，坐着比站着身量高，加上两个竖立的耳朵，觉得自己很伟大而重要。

刚这么坐好,黄子由东边来了。黄子是这条胡同里的贵族,身量大,嘴是方的,叫的声音瓮声瓮气。大黑的耳朵渐渐往下落,心里嘀咕:是坐着不动好呢,还是向黄子摇摇尾巴好呢,还是以进为退假装怒叫两声呢?他知道黄子的厉害,同时,又要顾及自己的尊严。他微微地回了回头,噢,没关系,坐在自己家门口还有什么危险?耳朵又微微地往上立,可是其余的地方都没敢动。

黄子过来了!在离大黑不远的一个墙角闻了闻,好像并没注意大黑。大黑心中同时对自己下了两道命令:"跑!""别动!"

黄子又往前凑了凑,几乎是要挨着大黑了。大黑的胸部有些颤动。可是黄子还好似没看见大黑,昂然走过去。他远了,大黑开始觉得不是味道:为什么不乘着黄子没防备好而扑过去咬他一口?十分的可耻,那样的怕黄子。大黑越想越看不起自己。为发泄心中的怒气,开始向空中瞎叫。继而一想,万一把黄子叫回来呢?登时立起来,向东走去,这样便不会和黄子走个两碰头。

大黑不像黄子那样在道路当中卷起尾巴走。而是夹着尾巴顺墙根往前溜;这样,如遇上危险,至少屁股可以拿墙作后盾,减少后方的防务。在这里就可以看出大黑并不"大";大黑的"大"和小花的"小",都不许十分较真的。可是他极重视这个"大"字,特别和他主人在一块的时候,主人一喊"大"黑,他便觉得自己至少有骆驼那么大,跟谁也敢拼一拼。就是主人不在眼前的时候,他也不敢承认自己是小,因为连不敢这么承认还不肯卷起尾巴走路呢;设若根本的自认渺小,那还敢出来走走吗。"大"字是他的主心骨。"大"字使他对小哈巴狗,瘦猫,叫花子,敢张口就咬;"大"字使他有时候对大狗——像黄子之类的——也敢露一露牙,和嗓子眼里细叫几声;而且主人在跟前的时候,"大"字使他甚至于敢和黄子干一仗,虽明知必败,而不得不这样牺牲。狗的世界是不和平的,大黑专仗着这个"大"字去欺软怕硬地享受生命。

　　大黑的长相也不漂亮,而最足自馁的是没有黄子那样的一张方嘴。狗的女性们,把吻永远白送给方嘴;大黑的小尖嘴,猛看像个子粒不足的"老鸡头",就是把舌头伸出多长,她们连向他笑一下都觉得有失尊严。这个,大黑在自思自叹的时候,不能不归罪于他的父母。虽然老太太常说,大黑的父亲是饭庄子的那个小驴似的老黑,他十分怀疑这个说法。况且谁是他的母亲?没人知道!大黑没有可靠的家谱作证,所以连和四眼谈话的时候,也不提家事;大黑十分伤心。更不敢照镜子；地上有汪水，他都躲开。对于大黑，顾影是不能引起自怜的。那条尾巴！细，软，毛儿不多，偏偏很长，就是卷起来也不威武，况且卷着还很费事，老得夹着！

大黑到了大院。四眼并没在那里。大黑赶紧往四下看看，好在二青什么的全没在那里，心里安定了些。由走改为小跑，觉得痛快。好像二青也算不了什么，而且有和二青再打一架的必要。再和二青打的时候，顶好是咬住他一个地方，死不撒嘴，这样必能制胜。打倒了二青，再联络四眼战败黄子，大黑便可以称雄了。

远处有吠声，好几个狗一同叫呢。细听，有她的声音！她，小花！大黑向她伸过多少回舌头，摆过多少回尾巴；可是她，她连正眼瞧大黑一眼也不瞧！不是她的过错；战败二青和黄子，她自然会爱大黑的。大黑决定去看看，谁和小花一块唱恋歌呢。快跑。别，跑太快了，和黄子碰个头，可不得了；谨慎一些好。四六步地跑。

看见了：小花，喝，围着七八个，哪个也比大黑个子大，声音高！无望！不便于过去。可是四眼也在那边呢；四眼敢，大黑为何不敢？可是，四眼也个子不小哇，至少四眼的尾巴卷得有个样儿。有点恨四眼，虽然是好朋友。

大黑叫开了。虽然不敢过去,可是在远处示威总比那一天到晚闷在家里的小哈巴狗强多了。那边还有个小板凳狗,安然地在家门口坐着,连叫也不敢叫;大黑的身份增高了许多,凡事就怕比较。

那群大狗打起来了。打得真厉害,啊!四眼倒在底下了。哎呀四眼;噢,活该;到底他已闻了小花一鼻子。大黑的嫉妒把友谊完全忘了。看,四眼又起来了,扑过小花去了,大黑的心差点跳出来了,自己耗着转了个圆圈。啊,好!小花极骄慢地躲开四眼。好,小花,大黑痛快极了。

那群大狗打过这边来了,大黑一边看着一边退步,心里说:别叫四眼看见,假如一被看见,他求我帮忙,可就不好办了。往后退,眼睛呆看着小花,她今天特别的骄傲,好看。大黑恨自己!退得离小板凳狗不远了,唉,拿个小东西杀杀气吧!闻了小板凳一下,小板凳跳起来,善意地向大黑腿部一扑,似乎是要和大黑玩耍玩耍。大黑更生气了:谁和你个小东西玩呢?牙露出来,耳朵也立起来示威。小板凳真不知趣:轻轻抓了他几下,腰儿塌着,尾巴卷着直摆。大黑知道这个小东西是不怕他,嘴张开了,预备咬小东西的脖子。正在这个当儿,大狗们跑过来了。小板凳看着他们，小嘴儿嗫着巴巴地叫起来，毫无惧意。大黑转过身来，几乎碰着黄子的哥哥，比黄子还大，鼻子上一大道白，这白鼻梁看着就可怕！大黑深恐小板凳的吠声引起他们的注意，而把大黑给围在当中。可是他们只顾追着小花，一群野马似的跑了过去，似乎谁也没有看到大黑。大黑的耻辱算是到了家，他还不如小板凳硬气呢！

似乎得设法叫小板凳看出大黑是和那群大狗为伍的：好吧，向前赶了两步，轻轻地叫了两声，瞭了小板凳一眼，似乎是说：你看，我也是小花的情人；你，小板凳，只配在这儿坐着。

风也似的，小花在前，他们在后紧随，又回来了！躲是来不及了，大黑的左右都是方嘴——都大得出奇！他的全身没有一根毛能舒坦地贴着肉皮子，全离心离骨地立起来。他的腿好像抽出了骨头，只剩下些皮和筋，而还要立着！他的尖嘴向四周纵纵着，只露出一对大牙。他的尾巴似乎要挤进肚皮里去。他的腰躬着，可是这样缩短，还掩不住两旁的筋骨。小花，好像是故意的，挤了他一下。他一点也不觉得舒服，急忙往后退。后腿碰着四眼的头。四眼并没招呼他。

一阵风也似的，他们又跑远了。大黑哆嗦着把牙收回嘴中去，把腰平伸了伸，开始往家跑，后面小板凳追上来,一劲巴巴地叫。大黑回头龇了龇牙:干吗呀,你!似乎是说。

回到家中,看了看盆里,老太太还没把食端来。倒在台阶上,舐着腿上的毛。

"一边去!好狗不挡道,单在台阶上趴着!"老太太喊。

翻了翻白眼,到墙根去卧着。心中安定了,开始设想:假如方才不害怕,他们也未必把我怎样了吧?后悔:小花挤了我一下,假如乘那个机会……决定不行,决定不行!那个小板凳!焉知小板凳不是个女性呢,竟自忘了看!谁和小板凳讲交情呢!

门外有人拍门。大黑立刻精神起来,等着老太太叫大黑。

"大黑!"

大黑立刻叫起来,往下扑着叫,觉得自己十二分的重要威严。老太太去看门,大黑跟着,拼命地叫。

送信的。大黑在老太太脚前扑着往外咬。邮差安然不动。老太太踢了大黑一腿:"怎这么讨厌,一边去!"

大黑不敢再叫,随着老太太进来,依旧卧在墙根。肚中发空。眼瞭着食盆,把一切都忘了,好像大黑的生命存在与否只看那个黑盆里冒热气不冒!

狗（其一）

梁实秋

我不喜欢狗，也不知是为什么，仔细想起来，大概是不外这几个原因：一、怕狗咬；二、嫌狗脏；三、家里的孩子已经太多。

我到重庆来，租到一间房子，主人豢养着一条狗，不是什么叭儿狗、狼狗、鬈毛狗之类的名种，只是地地道道的一条笨狗，可是主人爱它。我的屋门的外面就是主人的饭厅，同时也就是这条狗的休憩之所。一到"开堂"的时候，桌上桌下同时的要"吱吱喳喳"地忙碌一阵。主人若是剩下半锅稀饭，就"噗"的一声往地上一泼，那条狗便伸出缁红长舌头"呱唧呱唧"地给舔得一干二净。小宝宝若是屙了屎，那条狗也依样办理。所以地上是很光溜的，而主人还省许多事。开堂的时候那条狗若是缺席，还要劳主人依槛而望，有时还要喊着它的大名催请。饭后狗还要在我门外偃卧。所以我推开门，总是要遇到狗。平常倒也彼此相安，但是遇到它正在啃骨头或是心绪欠佳的时候，它便"呼"地一下子扑上身来，有一次冷不防被它把裤子咬破一个洞，至今这个洞还没有缝起来。以后我出入就更加小心了，杖不离手，手不离杖，采取防御的姿势。狗大概是饱的时候不多，常常狭路相逢，和我冲突。我接受一个朋友的劝告，买了十个铜板的大饼喂它，果然，它摇尾而来，有妥协之意，我把饼都给它吃了。它快吃完，我大踏步走出门口，不料它"呼"地一下咬住了我的衣襟，我一时也无法摆脱，顿成胶滞状态，幸亏主人出来呵逐，我仅以身免。衣襟上已有两个窟窿！以后我就变更策略，按照军事学家所谓的"进攻是最好的防卫"，又按照标语家所谓的"予打击者以打击"，以后遇到狗便见头打头，见尾打尾。从此我没被狗咬过，然而也很吃力，尤其是在精神上感觉紧张。我的朋友们来访我的，有两位腿上挂了彩。主人非常客气，甚至于感觉有一点不安，在大门外竖起一块牌子，大书"内有恶犬"。

有人说，怕狗咬足以证明你是城里人，不是乡下人。乡下人没有怕狗咬的。这话也对。不过城里不是没有狗。重庆的街道上狗甚多。我常有"不可与同群也"之感。城里的狗比乡下的狗机警，卧在街道中间的少，而且也并不狂吠着追逐汽车。街上的野狗并不轻易咬人，大概是因为它知道它自己是野狗的缘故。不过我总觉得在人的都市里，狗不应该有居住行动的自由权。万一谁得到"恐水症"，在重庆可是没法治！

市政当局若是发起捕杀野犬运动,我赞成。

　　猎犬、警犬,都是有用的;太太们若是喜欢小叭儿狗,那也是私人的嗜好,并无可议;看门守夜的狗,若是家教严,管理得法,不乱咬人,那也要得。至于笔记小说中所谓"义犬",那自然更令人肃然起敬,我不敢诽谤。可是××的"走狗",那就非打倒不可了。狗和人一样,有种类的不同,不可一概而论。你看,英国人不是还时常喜欢自比为"牛头狗"吗?

狗（其二）
梁实秋

我初到重庆，住在一间湫隘的小室里，窗外还有三两棵肥硕的芭蕉，屋里益发显得阴森森的，每逢夜雨，凄惨欲绝。但凄凉中毕竟有些诗意，旅中得此，尚复何求？我所最感苦恼的乃是房门外的那一只狗。

我的房门外是一间穿堂，亦即房东一家老小用膳之地，餐桌底下永远卧着一条脑满肠肥的大狗。主人从来没有扫过地，每餐的残羹剩饭，骨屑稀粥，以及小儿便溺，全部在地上星罗棋布着，由那只大狗来舔得一干二净。如果有生人走进，狗便不免有所误会，以为是要和他争食，于是声色俱厉地猛扑过去。在这一家里，狗完全担负了"洒扫应对"的责任。

"君子有三畏"，犬其一也。我知道性命并无危险，但是每次出来进去总要经过他的防线，言语不通，思想亦异，每次都要引起摩擦，酿成冲突，日久之后真觉厌烦之至。其间曾经谋求种种对策，一度投以饵饼，期收绥靖之效，不料饵饼尚未啖完，乘我返身开锁之际，无警告地向我的腿部偷袭过来；又一度改取"进攻乃最好的防御"的方法，转取主动，见头打头，见尾打尾，虽无挫衄（nù），然积小胜终不能成大胜，且转战之余，血脉偾张，亦大失体统。因此外出即怵回家，回到房里又不敢多饮茶。不过使我最难堪的还不是狗，而是他的主人的态度。

狗从桌底下向我扑过来的时候，如果主人在场，我心里是存着一种奢望的：我觉得狗虽然也是高等动物，脊椎动物哺乳类，然而，究竟，至少在外形上，主人和我是属于较近似的一类，我希望他给我一些援助或同情。但是我错了，主客异势，亲疏有别，主人和狗站在同一立场。我并不是说主人也帮着狗猖猖然来对付我，他们尚不至于这样的合群。我是说主人对我并不解救，看着我的狼狈而哄然噱笑，泛起一种得意之色，面带笑容对狗嗔骂几声："小花！你昏了？连×先生你都不认识了！"骂的是狗，用的是让我所能听懂的语言。那弦外之音是："我已尽了管束之责了，你如果被狗吃掉莫要怪我。"然后他就像是在罗马剧场里看基督徒被猛兽扑食似的作壁上观。俗语说"打狗看主人"，我觉得不看主人还好，看了主人我倒要狠狠地再打狗几棍。

后来我疏散下乡，遂脱离了这恶犬之家，听说继续住那间房的是一位军人，他也遭遇了狗的同样的待遇，也遭遇了狗的主人的同样的待遇，但是他比我有办法，他拔出枪来把狗当场格毙了。我于称快之余，想起那位主人的悲怆，又不能不付予同情了。特别是，残茶剩饭丢在地下无人舔，主人事必躬亲洒扫，其凄凉是可想而知的。

在乡下不是没有犬危。没有背景的野犬是容易应付的，除了菜花黄时的疯犬不计外，普通的野犬都是那些不修边幅的夹尾巴的可怜的东西，就是"汪汪"地叫起来也是有气无力的，不像人家豢养的狗那样振振有词自成系统。有些人家在门口挂着牌示"内有恶犬"，我觉得这比门里埋伏恶犬的人家要忠厚得多。我遇见过埋伏，往往猝不及防，惊惶大呼，主人闻声搴帘而出，嫣然而笑，肃客入座，从容相告狗在最近咬伤了多少人。这是一种有效的安慰，因为我之未及于难是比较可庆幸的事了。但是我终不明白，他为什么不索性养一只虎？来一个吃一个，来两个吃一双，岂不是更为体面吗？

这道理我终于明白了。雅舍无围墙，而盗风炽，于是添置了一只狗。一日邮差贸贸然来，狗大咆哮，邮差且战且走，蹒跚而逸，主人拊掌大笑。我顿有所悟。别人的狼狈永远是一件可笑的事，被狗所困的人是和踏在香蕉皮上面跌跤的人同样的可笑。养狗的目的就是要它咬人，至少作吃人状。这就是等于养鸡是为要他生蛋一样,假如一只狗像一只猫一样,整天晒太阳睡觉,客人来便咪咪叫两声,然后逡巡而去,我想不但主人惭愧,客人也要惊讶。所以狗咬客人,在主人方面认为狗是恪尽厥职,表面上尽管对客抱歉,但心里是有一种愉快,觉得我的这只狗并非是挂名差事,他守在岗位上发挥了作用。所以对狗一面诃责,一面也还要嘉勉。因此脸上才泛出那一层得意之色。还有衣裳楚楚的,狗是不大咬的,这在主人也不能不有"先获我心"之感。所遗憾者,有些主人并不以衣裳取人,亦并不以衣裳废人,而这种道理无法通知门上,有时不免要慢待嘉宾。不过就大体论,狗的眼力总是和他的主人差不了多少。所以,有这样多的人家都养狗。

一条野狗

梁实秋

野狗当道，有司捕杀之，吾无间然。

夜深人静，常听到犬吠之声盈耳，哀而且厉，随即寂然。我初以为是狗屠出来猎狩，收集香肉，供人大嚼。后来听说是市府派出来的专人收捕野狗。他们的猎具简单，一根棍子，顶端系上一个铅铁丝圈的活套，瞄准了套在狗颈上面，越拉愈紧，狗便无法挣脱。提起狗来往停在路边的车子里一甩，凑足了十个八个，送往拘留场所，三日无人认领，则聚而歼之，无稍贷。对市民而言，这是德政。

从前我的居处楼上有人养狗，我从未见过这狗，不知其为雌雄、妍媸、胖瘦。但是狗准时狂吠，准在黎明的时候以极不悦耳的短促而连续的声音嗥叫，惊醒上下左右邻人的清睡。熟睡中被惊醒是很难受的。古人形容人民之安居乐业的现象之一是"狗不夜吠"（见《后汉书·循吏传》）。有一天菁清在电梯中遇到狗主人，说起这条狗，委婉地请求她能不能"无使尨也吠"。狗主人反问："你搬来多久了？"菁清说："将近一月。"狗主人说："我在此地养这条狗将近三年了。"

言外之意是，她和她的狗已经是资深的住户，一切早已定型，传统不容置疑。我闻之不禁叹息，有其人必有其狗。可是睦邻要紧，何况这狗不是野狗，所以这桩事只好列为百忍的项目之一。忍了两年，忽不闻犬吠，人犬俱杳，大概是搬走了。

历史重演，我现在住的地方又有一条狗半夜里"汪汪"地叫，不是在楼上，是在街上，原是一家店铺豢养的一只母狗，店铺关门，狗被遗弃，变成了野狗。它在附近餐馆偶然拾些残羹剩炙，苟全性命，但是瘦骨嶙峋，棕黑色的毛脱落了一半，同时还长满了虱。别看它这副腌臜相，在一群落魄的公狗的眼里，它还是眉清目秀的。果然，有一夜晚，一群野狗猖猖然骚动起来，争相追逐这只可怜的母狗。结果是不免。群狗哄散，不久这条狗就大腹膨亨了。大概狗在怀胎期间格外容易感觉到饿，所以它叫得格外凄厉。菁清和我时常外出就餐，偶然剩余的菜肴便大包小包地携带回家，菁清没有浪费的习惯，归途遇见这只母狗，菁清顺手打开包裹，投以肉骨之类。一只狗真正饥饿的时候，饥火中烧，忽然看见肉骨，饥火会从眼里直冒出来。它急急忙忙地大口吞嚼。咔嚓咔嚓之声可闻，还不时地左顾右盼，唯恐谁来夺食。吃完之后，还要舔地，好像是意犹未足。菁清索性以全部剩食投赠，它如风卷残云一般吃得一干二净。饿狗得食，那份满足的样子给人印象至深。此后我们就时常喂它，它好像认识我们了，见到我们就摇它的尾巴，这是它的礼貌。我们只是"随所见物，发慈悲心"（莲池大师语），并不是对这只野狗有所偏爱。

有一天，楼下餐馆主人说，那只野狗利用他后门外的一角空地产下了五只小狗。菁清就劝店主喂养它们，店主也答应了，只是把三只小狗送人，留下两只。我们看了这两只，肥肥胖胖，满地打滚，一白色一棕色。天地之大德曰生，狗也在一切有情之内。现在母狗长得丰满了，皮毛也显著悦泽，母性焕发，怡然自得，再也不黎明狂吠扰人清梦了。我们为它庆幸，"得其所哉"！尤其是看它喂奶给小狗吃的那副舒坦的样子，令人兴起愉悦之感。

忽然有一天餐馆主人告诉我们，那条狗被抓走了！我们立刻就想到捕狗人员用铁圈套狗的样子，不免戚然。问店主要不要去认领，他摇摇头。"那两只小狗怎么办呢？"他说："我们会喂它。"说着说着那两只小狗跑过来了，依然欢蹦乱跳，满地打滚，不晓得覆巢之下岂有完卵！

我知道那条狗还可以苟延残喘三天，这三天中，我不时地想到了它。三天过后，万事皆空，它的影子仍然不时地浮现在我心里。这条狗并不美,比起什么狮子狗、狐狸狗、哈巴狗、牧羊狗、大丹狗、香肠狗、牛头狗……都差得远。我没有抚摩过它,只是偶有一饭之恩。奈何三日已过而仍萦绕我的心怀?我的心怀已经是满满的,不能再容纳一只无家可归惨遭捕杀的野狗。我想唯一的释怀的方法是把这一桩事写出来,也许写出来之后心里就会觉得释然。试试看。

讲狗

周建人

讲起狗,几乎没有人不知道它是"粽子脸,梅花脚"的那一种走兽。它的毛色虽有黄,有黑,有黑白相间,或者还有别的变化。但它会摇头,会摆尾,并且会"汪汪"地叫,这些特性,叫人一见之后,不会忘记。普通狗的脸都有点像粽子,但也有"凹脸塌鼻头",好像要装作狮子脸,然而又不像。养狗的专家说世界上的狗约有二百种,有的身体很高大,有的小到只像一只猫。然而我们见了无论哪种狗,一见便知道它是狗,决不会误看作别的走兽。因为狗的特性我们知道得很清楚。

世界上各处的居人,除却南海群岛之外,都养狗,因为狗有各种用处。猎人必须养狗,它替他找寻野味,捕捉野兽。又狗极警觉,猎人夜间如宿在帐篷里,有狗在旁,可以免除或减少被猛兽袭击的危险。爱斯基摩人叫狗拉雪车。呵华特说有些地方的人又叫狗捉鱼。它会把鱼赶到浅滩上,从水里捉起它们来。遇到战争时,救护员常须带狗,叫它去找寻伤兵,此外还有别种用途。狗的形状并不怎样美好,它的叫声也并不佳妙，直从远古时代养下来，今日凡有人烟之处，几乎无不养狗，可见大有原因了。但是狗到了变把戏的手里，生活真无聊。猴子骑在背上，打一个圈子，有什么意思呢。被牵在摩登女人的手里，路旁一耸一耸地走着，也一样的无聊。然而狗没有自觉力，并不以为苦。上海有一派的乞丐，养着一只狗，出来要钱时，自己坐着，叫狗前足跪下，后足立直，屁股耸得高高的跪在旁边。这简直是受苦刑了，然而狗好像并不怨恨。

西洋的作者中，讲起狗，常常说它是人的朋友。我想未必然。人的养狗，只因它对于人有用，无论猎人叫它帮同打猎，或渔人叫它帮同捉鱼等都是。富人养狗，是为了有了保险箱还怕不够牢靠。变把戏的养狗是为了赚钱，乞丐养狗是为了叫它代替自己跪求。摩登女人养狗是因为玩到没有东西可玩了，遂来玩狗；这即使不是利用，至少是玩弄。

有些作者常说狗很可爱。我想也没有什么可爱。我觉得狗太会叫，吵得人不安。早晨四点钟天还没有亮，丝厂里的汽笛便发大声叫唤工人，报告已开厂。工人提了冷饭进厂去，往往有狗追着叫。有经验的人说善叫的狗不咬人，哑狗倒更凶；然而便是这叫声已经够讨厌了。我的不爱好狗，不是全因感情作用，是更有别的理由的,我常见富人的狗看见穷人常常要叫;穷人的狗看见富人却常常不叫。这不由得不叫人觉着狗心势利,缺乏理智,不可以做朋友。我又常见狗受它的主人的指使时,便奋不顾身地去咬生人,被主人打骂时却俯首帖耳,表示服从,还要摇摇尾巴,表示亲密。我记得法国的大名家蒲封曾说过:狗有不思报复,单知服从,没有野心等德性,这些性质我实在不敢称赞。狗的用处,在某些方面,当然也很大,对于猎人、探险者等,的确大有帮助;它的用处我决不肯一笔抹煞;但是对于有些夸奖的话,不敢赞同。它比之于象或熊,性质实在卑劣。象对于人,性质也很驯良的,但它能辨别好坏,知道敌和友。熊不喜欢随便攻击人或兽类,但它如觉得必须抵抗时,它便凭它的大力进攻,决不让步,不像狗的看见徒手的人便叫,拾起石子,它逃去了。但是狗的性质如果单单存留在狗身上,那倒还没有什么要紧,如果被人学去,事情将更糟糕。狗性质一经跑进人体,他不但学会了摇头摆尾,而且他会得把无论什么都很爽气地卖掉或送掉!

边城（节选）
沈从文

一

　　管理这渡船的，就是住在塔下的那个老人。活了七十年，从二十岁起便守在这小溪边，五十年来不知把船来去渡了若干人。年纪虽那么老了，骨头硬硬的，本来应当休息了，但天不许他休息，他仿佛便不能够同这一分生活离开。他从不思索自己职务对于本人的意义，只是静静地很忠实地在那里活下去。代替了天，使他在日头升起时，感到生活的力量，当日头落下时，又不至于思量与日头同时死去的，是那个伴在他身旁的女孩子。他唯一的朋友是一只渡船和一只黄狗，唯一的亲人便只那个女孩子。

…………

　　老船夫不论晴雨，必守在船头，有人过渡时，便略弯着腰，两手缘引了竹缆，把船横渡过小溪。有时疲倦了，躺在临溪大石上睡着了，人在隔岸招手喊过渡，翠翠不让祖父起身，就跳下船去，很敏捷地替祖父把路人渡过溪，一切皆溜刷在行，从不误事。有时又与祖父、黄狗一同在船上，过渡时与祖父一同动手牵缆索。船将近岸边，祖父正向客人招呼"慢点，慢点"时，那只黄狗便口衔绳子，最先一跃而上，且俨然懂得如何方为尽职似的，把船绳紧衔着拖船拢岸。

风日清和的天气，无人过渡，镇日长闲，祖父同翠翠便坐在门前大岩石上晒太阳。或把一段木头从高处向水中抛去，嗾使身边黄狗从岩石高处跃下，把木头衔回来。或翠翠与黄狗皆张着耳朵，听祖父说些城中多年以前的战争故事。或祖父同翠翠两人，各把小竹做成的竖笛，逗在嘴边吹着迎亲送女的曲子。过渡人来了，老船夫放下了竹管，独自跟到船边去，横溪渡人。在岩上的一个，见船开动时，于是锐声喊着：

"爷爷，爷爷，你听我吹——你唱！"

爷爷到溪中央便很快乐地唱起来，哑哑的声音同竹管声，振荡在寂静空气里，溪中仿佛也热闹了些。实则歌声的来复，反而使一切更加寂静。

三

端午又快来了，初五划船，河街上初一开会，就决定了属于河街的那只船当天入水。……

那时节还是上午，到了午后，对河渔人的龙船也下了水，两只龙船就开始预习种种竞赛的方法。水面上第一次听到了鼓声，许多人从这鼓声中，都感到了节日临近的欢悦。住临河吊脚楼对远方人有所等待、有所盼望的,也莫不因鼓声想到远人。在这个节日里,必然有许多船只可以赶回,也有许多船只只合在半路过节,这之间,便有些眼目所难见的人事哀乐,在这小山城河街间,让一些人开心,也让一些人皱眉!

蓬蓬鼓声掠水越山到了渡船头那里时,最先注意到的是那只黄狗。那黄狗"汪汪"地吠着,受了惊似的绕屋乱走;有人过渡时,便随船渡过河东岸去,且跑到那小山头向城里一方面大吠。

翠翠正坐在门外大石上用棕叶编蚱蜢、蜈蚣玩,见黄狗先在太阳下睡着,忽然醒来便发疯似的乱跑,过了河又回来,就问它骂它:

"狗,狗,你做什么!不许这样子!"

可是一会儿那远处声音被她发现了,她于是也绕屋跑着,并且同黄狗一块儿渡过了小溪,站在小山头听了许久,让那点迷人的鼓声,把自己带到一个过去的节日里去。

四

还是两年前的事。五月端阳,渡船头祖父找人作了替手,便带了黄狗同翠翠进城,到大河边去看划船。河边站满了人,四只朱色长船在潭中划着。龙船水刚刚涨过,河中水皆泛着豆绿色,天气又那么明朗,鼓声蓬蓬响着,翠翠抿着嘴一句话不说,心中充满了不可言说的快乐。河边人太多了一点,各人尽张着眼睛望河中,不多久,黄狗还留在身边,祖父却挤得不见了。

翠翠一面注意划船,一面心想:"过不久爷爷总会找来的。"但过了许久,祖父还不来,翠翠便稍稍有点儿着慌了。先是两人同黄狗进城前一天,祖父就问翠翠:"明天城里划船,倘若你一个人去看,人多怕不怕?"翠翠就说:"人多我不怕。但是只是自己一个人可不好玩。"于是祖父想了半天,方想起一个住在城中的老熟人,赶夜里到城里去商量,请那老人来看一天渡船,自己却陪翠翠进城玩一天。且因为那人比渡船老人更孤单,身边无一个亲人,也无一只狗,因此便约好了那人早上过家中来吃饭,喝一杯雄黄酒。第二天那人来了,吃了饭,把职务委托那人以后,翠翠等便进了城。到路上时,祖父想起什么似的,又问翠翠:"翠翠,翠翠,人那么多,好热闹,你一个人敢到河边看龙船吗?"翠翠说:"怎么不敢?可是一个人玩有什么意思?"到了河边后,长潭里的四只红船,把翠翠的注意力完全占去了,身边祖父似乎也可有可无了。祖父心想:"时间还早,到收场时,至少还得三个时刻。

溪边的那个朋友，也应当来看看年轻人的热闹，回去一趟，换换地位还赶得及。"因此就告翠翠："人太多了，站在这里看，不要动，我到别处去有点事情，无论如何总赶得回来伴你回家。"翠翠正为两只竞速并进的船迷着，祖父说的话毫不思索就答应了。祖父知道黄狗在翠翠身边，也许比他自己在她身边还稳当，于是便回家看船去了。

祖父到了那渡船处时，见代替他的老朋友，正站在白塔下注意听远处鼓声。

…………

两个水手还正在谈话，潭中那只白鸭却慢慢地向翠翠所在的码头边游过来，翠翠想："再过来些我就捉住你！"于是静静地等着。但那鸭子将近岸边三丈远近时，却有个人笑着，喊那船上水手。原来水中还有个人，那人已把鸭子捉到手，却慢慢地蹚水游近岸边的。船上人听到水面的喊声，在隐约里也喊道："二老，二老，你真能干，你今天得了五只吧？"那水上人说："这家伙狡猾得很，现在可归我了。""你这时捉鸭子，将来捉女人，一定有同样的本领。"水上那一个不再说什么，手脚并用地拍着水傍了码头。湿淋淋地爬上岸时，翠翠身旁的黄狗，仿佛警告水中人似的，"汪汪"地叫了几声，表示这里有人，那人才注意到翠翠。……

…………

翠翠误会了邀她进屋里去那个人的好意,心里记着水手说的妇人丑事,她以为那男子就是要她上有女人唱歌的楼上去,本来从不骂人,这时正因为等候祖父太久了,心中焦急得很,听人要她上去,以为欺侮了她,就轻轻地说:

"你个悖时砍脑壳的!"

话虽轻轻的,那男的却听得出,且从声音上听得出翠翠年纪,便带笑说:"怎么,你那么小小的还会骂人!你不愿意上去,要待在这儿,回头水里大鱼来咬了你,可不要叫喊救命!"

翠翠说:"鱼咬了我,也不关你的事。"

那黄狗好像明白翠翠被人欺侮了,又"汪汪"地吠起来,那男子把手中白鸭举起,向黄狗吓了一下,"老兄,你要怎么!"便走上河街去了。黄狗为了自己被欺侮还想追过去,翠翠便喊:"狗,狗,你叫人也看人叫!"翠翠意思仿佛只在告给狗"那轻薄男子还不值得叫",但男子听去的却是另外一种好意,男的以为是她要狗莫向好人乱叫,放肆地笑着,不见了。

又过了一阵,有人从河街拿了一个废缆做成的火炬,一面晃着一面喊叫着翠翠的名字来找寻她,到身边时翠翠却不认识那个人。那人说:老船夫回到家中,不能来接她,故搭了过渡人口信来告翠翠,要她即刻就回去。翠翠听说是祖父派来的,就同那人一起回家,让打火把的在前引路,黄狗时前时后,一同沿了城墙向渡口走去。翠翠一面走一面问那拿火把的人,是谁告他就知道她在河边。那人说这是二老告他的,他是二老家里的伙计,送翠翠回家后还得回转河街。

翠翠说:"二老他怎么知道我在河边?"

那人便笑着说:"他从河里捉鸭子回来,在码头上见你,他说好意请你上家里坐坐,等候你爷爷,你还骂过他!你那只狗不识吕洞宾,只是叫!"

十

……河边人太多了,码头边浅水中,船桅船篷上,以至于吊脚楼的柱子上,无不挤满了人。翠翠自言自语说:"人那么多,有什么三脚猫好看?"先还以为可以在什么船上发现她的祖父,但各处搜寻了一阵,却无祖父的影子。她挤到水边去,一眼便看到了自己家中那条黄狗,同顺顺家一个长年,正在去岸数丈一只空船上看热闹。翠翠锐声叫喊了两声,黄狗张着耳叶昂头四面一望,便猛地扑下水中,向翠翠方面泅来了。到了身边时,狗身上已全是水,把水抖着且跳跃不已,翠翠便说:"得了,狗,装什么疯!你又不翻船,谁要你落水呢?"

  翠翠同黄狗各处找祖父去,在河街上一个木行前恰好遇着了祖父。

花狗
萧红

在一个深奥的,很小的院心上,集聚几个邻人。这院子种着两棵大芭蕉,人们就在芭蕉叶子下边谈论着李寡妇的大花狗。

有的说:

"看吧,这大狗又倒霉了。"

有的说:

"不见得,上回还不是闹到终归儿子没有回来,花狗也饿病了,因此李寡妇哭了好几回……"

"唉,你就别说啦,这两天还不是么,那大花狗都站不住了,若是人一定要扶着墙走路……"

人们正说着,李寡妇的大花狗就来了。它是一条虎狗,头是大的,嘴是方的,走起路来很威严,全身是黄毛带着白花。它从芭蕉叶里露出来了,站在许多人的面前,还勉强地摇一摇尾巴。

但那原来的姿态完全不对了,眼睛没有一点光亮,全身的毛好像要脱落似的在它的身上飘浮着。而最可笑的是它的脚掌很稳地抬起来,端得平平的再放下去,正好像希特勒在操演的军队的脚掌似的。

人们正想要说些什么,看到李寡妇戴着大帽子从屋里出来,大家就停止了,都把眼睛落到李寡妇的身上。她手里拿着一把黄香,身上背着一个黄布口袋。

"听说少爷来信了,倒是吗?"

"是的,是的,没有多少日子,就要换防回来的……是的……亲手写的信来……我是到佛堂去烧香,是我应许下的,只要老佛爷保佑我那孩子有了信,从那天起,我就从那天三遍香烧着,一直到他回来……"那大花狗仍照着它平常的习惯,一看到主人出街,它就跟上去,李寡妇一边骂着就走远了。

那班谈论的人,也都谈论一会儿各自回家了。

留下了大花狗自己在芭蕉叶下蹲着。

大花狗,李寡妇养了它十几年,李老头子活着的时候,和她吵架,她一生气坐在椅子上哭半天会一动不动的,大花狗就陪着她蹲在她的脚尖旁。她生病的时候,大花狗也不出屋,就在她旁边转着。她和邻居骂架时,大花狗就上去撕人家衣服。她夜里失眠时,大花狗摇着尾巴一直陪她到天明。

所以她爱这狗胜过于一切了,冬天给这狗做一张小棉被,夏天给它铺一张小凉席。

李寡妇的儿子随军出发了以后,她对这狗更是一时也不能离开的,她把这狗看成个什么都能了解的能懂人性的了。

有几次她听了前线上恶劣的消息,她竟拍着那大花狗哭了好几次,有的时候像枕头似的枕着那大花狗哭。

大花狗也实在惹人怜爱,卷着尾巴,虎头虎脑的,虽然它忧愁了,寂寞了,眼睛无光了,但这更显得它柔顺,显得它温和。所以每当晚饭以后,它挨着家是凡里院外院的人家,它都用嘴推开门进去拜访一次,有剩饭的给它,它就吃了,无有剩饭,它就在人家屋里绕了一个圈就静静地出来了。这狗流浪了半个月了,它到主人旁边,主人也不打它,也不骂它,只是什么也不表示,冷静地接待了它,而并不是按着一定的时候给东西吃,想起来就给它,忘记了也就算了。

大花狗落雨也在外边,刮风也在外边,李寡妇整天锁着门到东城门外的佛堂去。

有一天她的邻居告诉她:

"你的大花狗,昨夜在街上被别的狗咬了腿流了血……"

"是的,是的,给它包扎包扎。"

"那狗实在可怜呢,满院子寻食……"邻人又说。

"唉,你没听在前线上呢,那真可怜……咱家里这一只狗算什么呢?"她忙着,话没有说完,又背着黄布口袋上佛堂烧香去了。

等邻人第二次告诉她说：

"你去看看你那狗吧！"

那时候大花狗已经躺在外院的大门口了，躺着动也不动，那只被咬伤了的前腿，晒在太阳下。

本来李寡妇一看了也多少引起些悲哀来，也就想喊人来花两角钱埋了它。但因为刚刚又收到儿子一封信，是广州退却时写的，看信上说儿子就该到家了，于是她逢人便讲，竟把花狗又忘记了。

这花狗一直在外院的门口，躺了三两天。

是凡经过的人都说这狗老死了，或是被咬死了，其实不是，它是被冷落死了。

木木（节选）

〔俄〕屠格涅夫　巴金/译

在莫斯科的一条偏僻的街上，有一所灰色的宅子，这所宅子有白色圆柱，有阁楼，还有一个歪斜的阳台：从前有一个太太住在这儿，她是一个寡妇，周围还有一大群家奴。她的儿子全在彼得堡的政府机关里服务，她的女儿都出嫁了；她很少出门，只是在家孤寂地度她那吝啬的、枯燥无味的余年。她的生活里的白天，那个没有欢乐的、阴雨的日子，早已过去了；可是她的黄昏比黑夜还要黑。

在所有她的奴仆当中最出色的人物是那个打扫院子的人盖拉新，他身长十二维尔肖克[1]，体格魁伟像一个民间传说中的大力士，生下来聋哑。太太把他从乡下带到城里来，在村子里他一个人住在一间小屋里，跟他的弟兄们不在一块儿，在太太的缴租农人中间，他算是最信实可靠、能按时缴租的一个。他生就了惊人的大力气，一个人做四个人的工作，他动手做起事来非常顺利。而且在他耕地的时候，把他的大手掌

---

[1] 俄国历史上使用的一种长度单位，12维尔肖克差不多相当于现在的2米。

按在木犁上，好像他用不着他那匹小马帮忙，一个人就切开了大地的有弹性的胸脯似的，或者在圣彼得日里，他很勇猛地挥舞镰刀，仿佛要把一座年轻的白桦林子连根砍掉一样，或者在他轻快地、不间断地用三阿尔申[1]长的连枷打谷子的时候，他肩膀上椭圆形的、坚硬的肌肉一起一落，就像杠杆一般——这些景象看起来都叫人高兴。他的永久的沉默使他那不倦的劳动显得更庄严。他本来是一个出色的农人，要不是为了他这个残疾，任何一个女孩子都肯嫁给他。……可是盖拉新给带到莫斯科来了，人家还给他买了靴子，做了夏天穿的长裾外衣和冬天穿的羊皮外套，又塞了一把扫帚和一根铁铲在他的手里，派他当一个打扫院子的人。

…………

……又一年过去了……等到一切都弄好了，乡下人已经把缰绳捏在手里只等着说出"上帝保佑"就动身的时候，盖拉新从他的小屋子里出来，走到塔季雅娜跟前，送给她一幅红棉布头巾做纪念品，这头巾还是他在一年前为她买的。塔季雅娜，一直到这个时候为止，对她一生所遭遇的悲欢离合都是非常淡漠地忍受了的，可是到这时她再也控制不住自己了，她淌了

---
[1] 俄国历史上使用的一种长度单位，1阿尔申约等于现在的0.7米。

眼泪，她上车的时候，还照基督徒的礼节跟盖拉新接了三次吻。他原想把她一直送到城门口，而且起初还在她的车子旁边走了一会儿，可是走到克里米亚浅滩他忽然停了下来，挥了挥手，就顺着河边走去了。

时候快到黄昏了。他望着河水，慢慢地向前走。他忽然觉得好像有什么东西在岸边淤泥里面打滚。他俯下身子，看见了一条带黑点子的白毛小狗，不管它怎样努力，它始终不能够爬到水外面来，它一直在挣扎，滑跌，它那个打湿了的瘦小身子抖得厉害。盖拉新望着这条不幸的小狗，用一只手把它抓起来，放在自己的怀里，大踏步走回家去了。他走进自己的顶楼，把救起来的小狗放在床上，用他的厚厚的绒布外衣盖住它，先跑到马房去拿了些稻草，然后到厨房去要了一小杯牛奶。他小心地折起厚绒布外衣，铺开稻草，又把牛奶放在床上。这条可怜的小狗生下来还不到三个星期，它的眼睛睁开并不多久，看起来两只眼睛还不是一样的大小。它还不能够喝杯子里的东西，它只是在打战，在霎眼睛。盖拉新用两根手指轻轻地捉住它的脑袋，把它的小鼻子浸在牛奶里面。小狗突然贪馋地舐起来，一面吹吹鼻息，浑身打战，而且时时呛起来。盖拉新在旁边望着，望着，忽然笑了起来。……他整夜都在照应它，安排它睡觉，擦干它的身子，最后他自己也在它的旁边安静地快乐地睡着了。

　　盖拉新看护他这个"养女"小心得超过任何一个看护自己孩子的母亲（小狗原来是一条母狗）。起初"她"很弱，很瘦，很丑，可是"她"渐渐地强壮起来，好看起来，靠了"她"的恩人不懈怠的照料，过了八个月的光景，"她"居然变成了一条很漂亮的西班牙种狗，有一对长耳朵，一条毛茸茸的喇叭形的尾巴，和一对灵活的大眼睛。"她"多情地依恋着盖拉新，从不离开他一步，总是摇着尾巴，跟在他后面。他还给"她"起了一个名字——哑巴们都知道他们那种含糊不清的叫声常常引起别人对他们的注意——他叫"她"作木木。宅子里所有的人都喜欢"她"，也叫"她"作小木木。"她"非常聪明，跟每个人都要好，可是"她"只爱盖拉新一个人。盖拉新疯狂地爱着"她"……他看见别人抚摸"她"，他就会不高兴：他是在替"她"担心，还是由于单纯的妒忌，这只有上帝知道！"她"常常在早上拉他的衣角把他叫醒；"她"常常口里衔住缰绳把运水的老马牵到他跟前，"她"跟那匹老马处得十分和好；"她"常常脸上带着庄重的表情跟他一块儿到河边去；"她"常常看守着他的扫帚和铁铲，绝不让一个人走进他的顶楼去。他特地为"她"在他的房门上开了一个洞。"她"好像觉得只有在盖拉新的顶楼里

"她"才是十足的女主人,所以"她"走进屋子来,就马上带着满意的神气跳到床上去。夜里"她"一直不睡,但也绝不像某种愚蠢的守门狗那样不分青红皂白地乱叫,那种狗提起前脚坐着,鼻子朝天,眼睛眯细,只是为了无聊的缘故对着星星乱叫,而且总是连续地叫三回,——不!木木的细小声音从来不会无缘无故地响起来,除非有生人走到篱笆跟前来了,不然就是在什么地方有了可疑的响动,或者沙沙声。……一句话说完,"她"是一条很出色的看家狗。说实话,除了"她"以外院子里还有一条老公狗,"他"一身黄毛带着褐色的斑点,名字叫陀螺(沃尔巧克)。可是"他"一直给铁链锁住,就是在夜里也不放松。而且"他"自己也因为太衰老了的缘故,完全不想争取自由了——"他"整天躺在"他"的狗窠里,身子蜷缩在一块儿,只是偶尔发出一声嘶哑的、几乎是无声的狗叫,而且"他"马上就把这叫声咽下去了,好像"他"自己也觉得这种叫声并没有用处似的。木木从来不到太太的宅子里去,每逢盖拉新搬柴到上房各处去的时候,"她"总是留在后头,不耐烦地在台阶上等他,只要门里有一点轻微的声音,"她"便竖起耳朵,把脑袋忽左忽右地掉来转去。……

这样地又过了一年。盖拉新仍旧在担任他那个打扫院子的职务，而且非常满意他自己的命运，可是突然发生了一件意外的事情……那就是：在夏天里一个天气晴朗的日子，太太和她那一群寄食女人[1]正在客厅里来回地闲踱着。她的兴致很好，她在笑，又在讲笑话；寄食女人们也在笑，也在讲笑话，不过她们并不觉得特别快乐；宅子里的人并不太喜欢看见太太高兴，因为在那个时候，第一，她要所有的人立刻而且完全跟她一样地高兴，要是某一个人的脸上没有露出喜色，她就要发脾气了；第二，这种突然的高兴是不会久的，通常总是接着就变成一种阴郁不快的心情。在那一天她早上起身好像很吉利；弄纸牌的时候她拿到了四张"贾克"，这表示着"她的愿望可以实现"的兆头（她总是在早上弄纸牌占她的运气），喝茶的时候她又觉得茶特别香，那个女用人因此得到了夸奖，而且还得到一个十戈比的银币。太太的起皱纹的嘴唇上带着甜蜜的微笑，她在客厅里走来走去，又走到了窗前。窗外便是花园，就在花园正中那个花坛上面，一丛玫瑰底下，木木正躺在那儿仔细地啃一根骨头。太太看见了"她"。

"上帝啊！"她突然叫了起来，"这是什么狗啊？"

---

[1] 跟"陪伴女人"是一类的人物，都是依靠阔亲戚生活的妇女，她们在贵族地主家里做些琐碎事情，也陪着女主人游玩，给她解闷。

让太太问到的那个可怜的寄食女人慌张得不得了，一般处在寄食地位的人，遇到弄不清楚主人的叫喊有什么意思的时候，通常就有这种焦急不安的情形。

"我不……不……不知道，太太，"她结结巴巴地说，"好像是哑巴的狗。"

"上帝啊！它是一条漂亮的小狗啊！"太太打断了她的话。"叫人把它带到这儿来。他养了它好久吗？为什么我以前一直没有看见它？……叫人把它带到这儿来。"

那个寄食女人马上就跑到前厅里去。

"来人啦，来人啦！"她大声嚷着，"把木木立刻带到这儿来！'她'在花园里头。"

"那么'她'的名字叫木木了，"太太说，"很好的名字。"

"啊，很好的，太太，"寄食女人回答道，"司捷潘，快去！"

司捷潘是一个身强力壮的年轻人，他的职务是跟班。听到吩咐，他马上跑到花园里去，捉木木；可是"她"很敏捷地从他的手指中间滑脱了，"她"竖起尾巴，飞跑到盖拉新跟前去，盖拉新这时正在厨房里拍打水桶、抖落桶上的尘土，把水桶拿在手里颠来倒去，就当它是一个小孩玩的小鼓一样。司捷潘在后面追

"她",就要在"她"的主人的脚跟前把"她"抓住了;可是这条机灵的狗不肯让生人的手捉住"她","她"一跳就逃掉了。盖拉新带了微笑看这一切的纷扰;最后司捷潘恼怒地站起来,连忙做手势对他解释明白,说:太太吩咐把你的狗带到她那儿去。盖拉新有点吃惊,可是他唤着木木,把"她"从地上抱起来,交给司捷潘。司捷潘把"她"带到客厅里去,放在镶木地板上面。太太用亲切的声音唤"她"到她身边去。木木一辈子没有到过这么富丽堂皇的房间,因此惊惶得不得了,"她"回头就朝门口跑去,可是让那个会拍马屁的司捷潘赶了回来,"她"颤抖着,紧紧地挨着墙壁。

"木木,木木,到我这儿来,到太太这儿来,"女主人说,"来,蠢东西……不要害怕……"

"来,来,木木,到太太这儿来,"那些寄食女人也都跟着说,"来啊。"

木木张皇不安地朝四面看了看,"她"并不动一下。

"给'她'拿点吃的东西来,"太太说,"'她'多蠢啊!'她'不肯到太太这儿来。怕什么呢?"

"'她'还不习惯,怕生。"一个寄食女人鼓足勇气用了胆怯的、柔顺的声调说。

司捷潘拿了一小碟牛奶来,放在木木面前。可是木木连闻也不闻一下,"她"仍旧像先前那样地在打战，在朝四面看。

"啊，你是个怎样的东西啊！"太太说，她走到"她"跟前，弯下身去，正要抚摸"她"，可是木木猝然掉转头来，露出"她"的牙齿。太太连忙缩回了她的手。

接着是一阵短时间的沉默。木木轻微地哀声叫着，好像"她"在诉苦，而且在请求原谅似的。……太太皱着眉头，走开了。狗的突然的动作吓坏了她。

"呀！"屋子里所有的寄食女人异口同声地叫起来，"'她'没有咬着您吧，但愿没有这样的事！"（木木一辈子从没有咬过任何人）。"呀，呀！"

"把'她'带出去，"老太太改变了声调说，"讨厌的小狗，'她'多坏啊！"

她慢慢地掉转身子，朝她的内房走去。寄食女人们胆怯地互相望着，她们正要跟随她去，可是她却站住了，冷冷地望着她们，说："你们这是为着什么？我并没有叫你们呢。"她就走出去了。

那些寄食女人垂头丧气地朝司捷潘挥手，他抓起木木，尽快地把"她"往门外一丢，正巧丢在盖拉新的脚跟前。半点钟以后，宅子里就非常清静了，老太太坐在她的沙发上，脸色比打雷时候的浓云还要阴沉。

大家想想看，这样小的事情，有时候也能够弄得人神经失常的！

太太一直到晚上都不快活，她不跟任何人讲话，也不打牌，她一夜都不舒服。她觉得她们给她用的花露水并不是平常她的那一种，而且她的枕头有肥皂的气味，她叫那个管衣服女人把所有的被褥床单都闻过一遍，——总之她心里烦，而且气得不得了。第二天早上她叫人去通知加夫利洛比往常早一个钟头来见她。

"请你告诉我，"等到加夫利洛慌慌张张地跨进她的内房门槛的时候，她马上就说，"在我们院子里叫了一整夜的是什么狗？它弄得我一夜不能睡！"

"一条狗，太太……什么样的狗，太太，也许是那个哑巴的狗，太太。"他支支吾吾地说。

"我不知道这是哑巴的狗，还是别人的狗，只是它弄得我不能睡觉。我奇怪我们养那么一大群狗做什么！我倒要问个明白。我们不是有一条守门狗吗？"

"是的，太太，我们有的，太太。陀螺，太太。"

"那么，为什么还要多的呢，我们还要更多的狗做什么？只是增加纷扰罢了。宅子里没有管事的人——事情就是这样。哑巴养狗干什么？谁准许他在我的院子里养狗？昨天我走到窗前，看见它躺在花园里头，它拖了什么脏东西进来在啃着——可是我的玫瑰花就种在那儿……"

太太停了一会儿。

"今天就把它弄走……听见吗?"

"听见了,太太。"

"就在今天。你现在就去。我以后会叫你来报告家务。"

加夫利洛走了。

总管走过客厅的时候,他为了维持秩序起见,把一个叫人铃从一张桌子移到另一张桌子上面;他偷偷地在大厅里擤了擤他那根鸭嘴鼻子里的鼻涕,然后走进前厅去。司捷潘正睡在前厅里一把长椅上,他睡着的样子倒很像战争图画中一个战死的军人,他那两只光腿从那件当作毯子盖在他身上的大衣底下伸出来。总管把他一推,小声地在他耳边吩咐了几句话,司捷潘就用半笑、半打呵欠来回答。总管走了,司捷潘从长椅上跳起来,穿上他的长裙外衣和靴子,走了出去,就站在台阶上。不到五分钟盖拉新来了,背上背了一大捆柴,身边跟着那个和他形影不离的木木(太太吩咐过她的睡房和内房就是在夏天也得生火)。盖拉新到了门前,就斜着身子,用肩膀推开了门,然后背着他那捆重东西摇摇晃晃地走进里头去了。木木像平常那样留在外面等他。司捷潘就抓住了这个有利的时机,突然向"她"扑过去,像兀鹰抓小鸡似的,拿他的胸膛把"她"按在地上,两只手抱起"她"来,抱在怀里，连帽子也不戴上，就抱着"她"跑出了院子，碰到第一辆出租马车就坐上去。他一直坐到了家禽市场。他在那儿很快地就找到了一个买主，拿"她"卖了半个卢布，不过讲定买主至少得把"她"拴一个礼拜。他马上就动身回家；可是还没有回到宅子，他就从马车上跳下来，绕过了院子，走到后面一条小巷，翻过篱笆跳进院里，因为他害怕打耳门进去，——怕的是碰见盖拉新。

然而司捷潘的担心倒是不必要的；盖拉新并不在院子里面。他从宅子里出来，马上发觉木木不见了；他从不记得"她"有过不在屋外等着他回来的事，于是他跑上跑下，到处去找"她"，用他自己的方法唤"她"。……他冲进他的顶楼，又冲到干草场，跑到街上，这儿那儿乱跑一阵。……"她"丢失了！他便回转来向别的佣人询问，他做出非常失望的手势，向他们问起"她"来；他比着离地半阿尔申的高度，又用手描出"她"的模样。……有几个人的确不知道木木的下落，他们只是摇摇头，别的人知道这回事情，就对他笑笑，算是回答了。总管做出非常严肃的神气，在大声教训马车夫。盖拉新便又跑出院子去了。

他回来的时候，天色已经暗了。从他那疲倦的样子，从他那不稳的脚步，从他那尘土满身的衣服上看来，谁都可以猜到他已经跑遍半个莫斯科了。他对着太太的窗子默默地站着，望了望台阶，六七个家奴正聚在那儿，他便掉转身子，口里还叫了一次"木木"。没有木木的应声。他走开了。大家都在后面望他，可是没有人笑，也没有人讲一句话。……第二天早上那个爱管闲事的马夫安季卜卡在厨房里讲出来，说哑巴呻吟了一个整夜。

第二天盖拉新整天没有出来，所以马车夫波塔卜不得不代替他出去运水，这桩事情是马车夫波塔卜很不高兴做的。太太问过加夫利洛，她的命令是不是已经执行了。加夫利洛答道已经执行了。下一天早上盖拉新从他的顶楼里出来，照常地做他的工作。他回来吃中饭，吃了中饭，又出去了，也不跟任何人打招呼。他的脸一向是呆板的，所有的聋哑人都是这样，现在他的脸好像完全变成石头的了。吃过中饭以后，他又走出院子去，可是不多久就回来了，他立刻就上干草场。

夜来了，是一个清朗的月夜。盖拉新躺在那儿，唉声叹气，不停地翻身，忽然间他觉得有什么东西在拉他的衣角；他吃了一惊，然而他并不抬起头来，而且他还把眼睛眯紧些，可是什么东西又在拉他的衣角，而且这一次拉得更用力；他跳了起来……木木就在他面前，颈项上还系着一截绳子，"她"在他跟前直打转。一个拖长的喜悦的叫声从他那哑巴的胸中发出来。他捉住木木,把"她"紧紧地抱在怀里;"她"一口气在舔他的鼻子、眼睛、唇髭和胡子。……他静静地站了一会儿,想了想,小心地从干草堆上爬下来,朝四面看了看,他确定了并没有人看见他以后,平安地回到了他的顶楼。在这以前盖拉新已经猜到他的狗并不是自己走失的,一定是太太叫人拿走的;佣人们做手势对他说明,他的木木向太太咬过,这时他决定使用他自己的处置办法。起初他喂了木木一点面包,把"她"爱抚了一会儿,放"她"到床上去,然后想着他怎样可以把"她"藏得更好,他花了一整夜的工夫想这桩事情。最后他想出了一个办法:把"她"整天留在顶楼里面,他只是偶尔进去看看"她",夜里才把"她"带出来。他用他那件旧的厚绒布外衣把门上开的洞严严地塞住,天才刚刚亮,他就已经在院子里了,好像并没有发生过什么事情一样,他甚至于保留着(天真的狡猾啊!)脸上那种忧郁的表情。这个可怜的聋子连想也不会想到,木木会拿"她"的叫声把自己暴露出来:事实上宅子里所有的人很快地就全知道哑巴的狗已经回来,给关在他的顶楼里面了,不过因为他们同情他,也同情"她",而且或许一半也因为他们害怕他的缘故,他们并不让他知道他们已经发现了他的秘密。只有总管一个人搔着他的后脑袋,摇着手,好像在说:"嗯,上帝跟他同在!也许太太不会知道的!"不过哑巴从来没有像这一天那样热心地劳动过:他把整个院子收拾得干干净净,把小草拔得一根也不留,又用自己的手把花园篱笆上面的柱子一根一根地拔起来,看看它们够不够结实,随后又用手把它们敲进去,——一句话说完,他奔跑、劳动得那么起劲,连太太也注意到他的勤快了。在这一天中间,盖拉新两次偷偷地去看他的囚徒;天黑了以后,他便跟"她"一块儿躺下来睡觉,就在他的顶楼里面,不是在干草场内,只有在夜里一点到两点中间的时候,他才带"她"出来在新鲜空气中散步一阵。他跟"她"一块儿在院子里走得相当久了,他正打算转身回去,突然间就在篱笆背后,从巷子那一面传过来一种沙沙的声音。木木竖起耳朵,叫起来,"她"走到篱笆跟前,闻了一闻,便发出了响亮的刺耳的叫声。原来有一个喝醉的人正想在那儿躺下睡过这一夜。凑巧就在这个时候,太太正发过了一阵相当长久的"神经紧张"的毛病,刚刚睡着了;她这种紧张的毛病每逢她晚饭吃得太饱的时候就会发作一回。突然的狗叫把她惊醒了,她的心卜卜地跳着,它就要停止跳动了。

"丫头,丫头!"她呻吟道。"丫头!"

那些吓坏了的女用人跑进她的睡房里去。

"哦，哦，我要死啦！"她说着，痛苦地举起她的两只手。"又，又是那条狗。去请医生来，他们要把我杀死了……狗，又是狗！哦。"她把头朝后倒下去，这应当是晕倒的表示了。

人们连忙跑去请医生，这就是说，去请家医哈利统。这个郎中的全部本领就在于穿软底靴，他摸脉很慎重，他在一天二十四小时里面睡去十四个钟头，在剩下来的时间里他老是在叹气，而且不断地让太太服月桂水。——这个郎中立刻跑来了，他用烧焦的鸟毛熏屋子，等到太太睁开了眼睛，他马上端给她一杯圣水，这是用小玻璃杯盛着、放在银茶盘上面的。太太喝了圣水，马上又用含泪的声调抱怨狗，抱怨加夫利洛，抱怨自己的命运，她诉苦道，她是一个可怜的老太婆，大家都抛弃了她，没有一个人可怜她，大家都希望她死。这些时候那个不幸的木木一直在叫着，盖拉新要引"她"从篱笆那儿走开，也没有办法。

"就在那儿……就在那儿……又来啦。"太太呻吟道，她的眼珠又在朝上翻了。

郎中跟一个女用人小声地讲了几句话，她立刻跑到前厅去，摇醒了司捷潘，司捷潘又跑去叫醒加夫利洛，加夫利洛一生气，就吩咐把整个宅子里的人都叫起来。

盖拉新正转过身来,他看见窗里亮光和人影在移动,他感觉到祸事要来了,便把木木挟在胳膊底下,跑进了他的顶楼,锁上了门。几分钟以后五个人来捶他的房门,可是他们觉得有门闩抵住,也就停止了。加夫利洛慌慌忙忙地跑了上来,吩咐他们全在门口等着,一直守到天亮;他自己却跑到女用人房间去,叫那个年纪最大的陪伴女人柳包芙·柳比莫夫娜(他常常跟她一块儿偷过茶叶、糖和别的杂货,还造了假账)代他回禀太太说,不幸那条狗又从什么地方跑回来了,不过"她"不会活到明天的,请太太开恩不要动气,请她安静下来。太太本来也许不会这样快就安静下来,可是郎中在忙乱中把原定的十二滴月桂水弄成整整的四十滴让她喝下去了;月桂水的药性发生了效力——过了一刻钟太太又稳又熟地睡着了;盖拉新脸色惨白地躺在他的床上,紧紧地捂住木木的嘴巴。

第二天早上太太醒得相当迟。加夫利洛等着她醒来,好发命令向盖拉新的掩蔽部作决定性的进攻,同时他又准备着自己去忍受那一阵大雷雨。可是雷雨并没有来。太太躺在床上叫人把那个年纪最大的寄食女人找了去。

"柳包芙·柳比莫夫娜,"她用了又轻又弱的声音说;她有时候喜欢装作一个受压迫的、无依无靠的苦命人的样子;不用说,在那种时候宅子里所有的人都感到不安了,"柳包芙·柳比莫夫娜,您看看我处在什么样的境地;我的亲人,您到加夫利洛·安得列伊奇那儿去,跟他讲一下:难道在他眼里随便一条恶狗都比他女主人的安宁,他女主人的性命更宝贵吗?我不愿意相信这个,"她又露出感动的表情添上了后面的一句话,"您去吧,我的亲人,请您做点好事,到加夫利洛·安得列伊奇那儿去一趟。"

柳包芙·柳比莫夫娜到加夫利洛的屋子里去了。没有人知道他们谈了些什么话,可是过了不多久,就有一大群人走过院子,朝着盖拉新的顶楼的方向走去;加夫利洛走在前头,虽然这时并没有起风,他却拿一只手按住他的帽子;他的旁边便是跟班和厨子;尾巴叔叔站在窗里朝外面望,他在发号施令,这就是说,他不过举举手罢了;最后是一群小孩,他们一路上跳着,做鬼脸,他们里头有一半是从外面跑进来的生人。在那一段通到顶楼去的窄楼梯上坐着一个守卫;还有两个拿木棍的站在门口。他们开始走上楼梯,把楼梯全堵住了。加夫利洛走到房门口,用拳头敲门,大声叫着:

"开门!"

听得见轻微的狗叫声,可是没有人答话。

"我叫你开门!"他又说一遍。

"喂,加夫利洛·安得列伊奇,"司捷潘在下面提醒他说,"您知道他是个聋子——听不见的。"

所有的人全笑了。

"那么我们怎么办呢?"加夫利洛在上面反问道。

"啊,他房门上有一个眼,"司捷潘答道,"您可以把棍子插进去动它几下。"

加夫利洛弯下身去。

"他用了厚绒布外衣一类的东西把眼堵上了。"

"那么您把厚绒布外衣朝里推进去。"

这时候又听见了不响亮的狗叫声。

"听,听,'她'自己泄露出来了。"人丛中有人这样说,他们又笑了。

加夫利洛搔他的耳朵后面。

"不,兄弟,"他后来接着说,"要是你愿意,你自己来把那件厚绒布外衣推进去。"

"好,我就照办。"

司捷潘就爬了上去,拿起木棍,把厚绒布外衣推进去了,他又把木棍在洞里动了几下,接连地说:"出来吧,出来吧!"他还在拨动棍子,忽然顶楼的门一下就打开了。这一群佣人立刻连跳带滚地从楼梯上跑下来。加夫利洛跑在最前头。尾巴叔叔关上了窗子。

"喂,喂,喂,喂,"加夫利洛在院子里嚷着,"你不要莽撞啊！"

　　盖拉新站在门口，也不动一动。那一群人就挤在楼梯脚下。盖拉新把两只胳膊轻轻地叉在腰上，从上面望着所有这些穿德国长裾外衣的渺小的人。他穿了一件红色的农人衬衫，在他们面前他简直是一个巨人了。加夫利洛向前走了一步。

　　"当心啊，兄弟，"他说，"我不让你胡闹。"

　　他接着就用手势对盖拉新解释，他说：太太一定要你的狗；你得马上把"她"交出来，不然你就该倒霉。

　　盖拉新望着他，指了一下狗，又用手在他自己的颈项上做了一个记号，好像他在拉紧一个活结似的，然后他带着探问的脸色看了看总管。

　　"对，对，"总管点头答道，"对，一定要。"

　　盖拉新埋下了眼睛，忽然挺起身了，又指了指木木，木木一直站在他身边，天真地摇着尾巴，好奇地耸动耳朵。接着他又在自己的颈项上做了一遍勒的手势，而且含有意义地拍拍自己的胸膛，好像在对大家表示，他要自己担任弄死木木的工作。

　　"你会骗我们。"加夫利洛摇着手答复他。

　　盖拉新望着他，轻蔑地笑了笑，又拍一下自己的胸膛，便砰的一声关上了门。

　　大家不作声地互相望着。

"他把自己关在里面,"加夫利洛开口说,"这是什么意思?"

"让他去吧,加夫利洛·安得列伊奇,"司捷潘说,"要是他答应了,他就会做的。他一向就是那样的。……既然他已经答应,那就算数了。在这方面他可跟我们这班人不一样,他说真就是真。是的。"

大家都点着头,跟着说:"是的。是这样的,是的。"
…………

在这一切骚扰过去以后的一个钟头,顶楼的门开了,盖拉新出来了。他穿了那件过节穿的长裾外衣,用一根绳子牵着木木。叶罗希卡连忙避开在一边,让他走过。盖拉新朝着大门走去。那些小孩同所有正在院子里的人都静悄悄地盯着他。他连头也不掉一下,到了街上才戴上了帽子。加夫利洛就差这个叶罗希卡跟着他,执行侦探的职务。叶罗希卡远远地看见盖拉新带着狗走进一家饮食店去了,他守在外面等候他出来。

盖拉新跟店里的人很熟,他们都懂他的手势。他叫了一份带肉的白菜汤,就坐下来,把两只胳膊支在桌子上。木木站在他的椅子旁边,用"她"那对聪明的眼睛安静地望着他。"她"身上的毛在发亮;看得出"她"是最近让人梳洗过的。盖拉新叫的白菜汤端上来了。他撕碎面包放在汤里,又把肉切成小块,然后把汤盆放在地上。木木照平常那样文雅地吃着,"她"的嘴只轻轻地挨到"她"吃的东西;盖拉新把"她"看了许久;两颗大的眼泪突然从他的眼睛里落下来:一颗落在狗的倾斜的额上,另一颗落在白菜汤里面。他拿自己的手遮住了脸。木木吃了半盆,就走开了,还舐舐自己的嘴唇。盖拉新站起来,付了汤钱,走出去了,茶房用了带点疑虑的眼光望着他出去。叶罗希卡看见盖拉新,连忙躲在角落里,让他走了过去,自己却在后面跟着他。

　　盖拉新不慌不忙地走着,仍然用绳子牵着木木。他走到街角,就站住了,好像在想什么心事似的,接着他忽然迈着快步朝克里米亚浅滩对直走去。在路上他走进一所宅子的院子,那儿正在修建厢房,他从那儿拿走两块砖挟在胳膊底下。到了克里米亚浅滩,他又拐弯儿顺着岸边走去,他走到一个地方,那儿有两只带桨的小船拴在桩上(他以前就注意到了),他带着木木一块儿跳到一只小船上面。一个瘸腿的小老头儿从菜园角一间小屋里出来,在后面叫他。可是盖拉新只点点头,那么使劲地摇起桨来,虽说是逆流,但一会儿的工夫他就冲到一百沙绳[1]以外去了。老头儿站着,站着,用手搔自己的背,起初用左手,后来又用

---
[1] 俄国历史上使用的一种长度单位,1沙绳约等于现在的2米。

右手,随后就一颠一跛地回到小屋去了。

可是盖拉新一直朝前划着。莫斯科已经落在他的后面了。两边岸上展开了一片的草地、菜园、田地、林子,农家小屋也出现了。农村的气息也闻到了。他丢开桨朝着木木俯下头去,木木正坐在他前面一块干的坐板上(船底积满了水),动也不动一下,他把他那两只气力很大的手交叉地放在"她"的背上,在这时候,浪渐渐地把小船朝城市的方向冲回去。后来盖拉新很快地挺起身子,脸上带着一种痛苦的愤怒,他把他拿来的两块砖用绳子缠住,在绳子上做了一个活结,拿它套着木木的颈项,把"她"举在河面上,最后一次看"她"。……"她"信任地而且没有一点恐惧地回看他,轻轻地摇着尾巴。他掉开头,眯着眼睛,放开了手。……盖拉新什么也听不见——他听不见木木落下去时候的尖声哀叫,也听不见那一下很响的溅水声;对于他,最热闹的白天也是寂无声响的,正如对于我们最清静的夜晚也并非没有声音一样。等他再把眼睛睁开的时候,微波照旧一个追一个地在水面上急急滚动;它们照旧地碰在船舷上飞溅开去了,只有在后面远远地一些大的水圈逐渐在扩大,一直到了岸边。

史记·孔子世家（节选）

〔汉〕司马迁

孔子适郑，与弟子相失，孔子独立郭东门。郑人或谓子贡曰："东门有人，其颡[1]似尧，其项类皋陶，其肩类子产，然自要[2]以下不及禹三寸。累累若丧家之狗。"子贡以实告孔子。孔子欣然笑曰："形状，末也。而谓似丧家之狗，然哉！然哉！"

---

[1] 指额，脑门儿，读音为 sǎng。
[2] 古同"腰"。

人类的朋友——狗（节选）

〔比〕梅特林克　葛文婷/译

一

前几天，我失去了一条小哈巴狗。它只有六个月的短暂生命，涉世尚浅。它睁着双聪慧的眼睛看着周遭的世界，看着亲切的人类，之后因为残忍的死亡宿命又再次闭上了眼睛。

有一位朋友将这只小狗送给了我，这位朋友给小狗起了一个惊天动地的名字——佩雷阿斯——也许他用的是反语。为什么如此矫情给它起这样一个名字呢？一条可怜的、有爱心的、忠诚可靠的小狗，怎么配得上这样一个想象中英雄的名字呢？

佩雷阿斯长着突起有力的大额头，这一点酷似苏格拉底或魏尔伦。在黑色的小鼻子下面有两个下垂而对称的大下巴——这样直接的评价可能有点粗俗不雅了。倔强忧郁的大脑袋呈三角形，颇具威慑力。这种美丽自然的怪兽举止，严格遵守了狗的物种法则，从这种角度来说，它是完美的。它的笑容和蔼可掬、天真无邪而又亲切谦逊，充满着无限感激，带着点只为博得爱抚完全舍弃了自尊的态度——这张可爱面具足以掩盖丑陋的外表。这种笑容究竟是从哪里来的?来自那双单纯而让冰雪消融的眼睛吗?来自那两只竖起来捕捉人类言谈的耳朵吗?来自面对任何的赏识和爱戴都不会有皱纹的额头吗?抑或来自它的小尾巴吗——它的尾巴常摆到一边来显示着小小生命中的亲密和狂喜,当它一碰到它所膜拜的神正伸出的手或赋予一瞥的目光时,就会摆着尾巴表达出无限的喜悦与满足。

佩雷阿斯生在巴黎,是我把它带到了乡下。它健美胖胖的爪子,还没有定型,也算不上强壮,懒散地承载着它那长着扁平鼻子认真严肃的大脑袋,一步步走过它新生命尚未探索过的路程。它的那个大脑袋,似乎也因为承载了思想而显得沉重。

它的头带着一些吃力不讨好的无奈和伤感,它像一个过度劳累的孩子,在生命的起初就负担了过重的生活压力。它要在不到五六周的时间之内,就要在脑中对宇宙形成一个富有想象而又令人满意的概念。假如是一个人,受到长辈和兄弟的帮助,也需要三四十年的时间,才能对宇宙有个概念的轮廓。而对于这只卑微的狗,居然在几天之内就要得到答案,在知晓万物的上帝眼中,这只小狗难道不应该和人同样重要吗?

有一个问题就是:这只小狗还要研究一下泥土,它在上面抓呀抓、刨呀刨,有时也会发现奇怪的东西;

有时小狗也会看看天空,觉得天空很乏味,因为天空上找不到什么好吃的东西,看一眼就够了;小狗也很喜欢草地——富有弹性、感觉凉爽,草地是它运动的场地,也是一张无边柔软的床,草地对小狗来说就是健康温柔的安乐窝。这也是个问题,需要几千次随机地进行急切好奇的观察才能解决。这也是必要的。例如,在没有人提供指导的前提下,用亲身体验的痛苦去测量物体从顶部跳下去的高度,你必须说服自己:追逐飞鸟是徒劳的。如果猫欺负了你,你也无法爬到树上去教训它。你要知道阳光明媚的地方和阴暗的角落是不同的,因为前者会让你睡得香甜,而后者就会让你冻得打哆嗦。你必须也要懵懵懂懂地学到:雨点不会落在屋子里。水是冷的,不能长期待在里面,有时甚至很危险。火在远处有好处,靠得太近就很可怕。你必须留意草地和农场。长着角的大牲畜具有威胁性,它们常走的道路要小心留意。也许有些牲畜生性温存,无论怎样都沉默不语,还有些牲畜不会因你好奇的冒犯而发怒,但它们心中的想法却深藏不露。它还需要学会的是,经历过种种痛苦与耻辱的经验以后,你在"神"的居所里要无条件地服从所有他们的戒律。你要认识到,厨房是"神"的家中最具有圣洁特权但又最让人心驰神往的地方。做饭的大婶从来不让你进厨房,她的角色相当关键，嫉妒心也很强。你需要知道，每一扇门都很重要，里面藏着一切变幻莫测的奇迹，有时那是一扇通往幸福的大门，但多半这样的门会关得紧紧的，摆出一副苛刻冷漠、傲慢无情的嘴脸，它对所有的恳求都充耳不闻。你也需要承认，生活中至善至美的东西，比如说香喷喷的赏赐，通常都装在水壶和炖锅里，那些东西让你望眼欲穿，却无法消受。你一定要学会，要去用一种故意冷漠的眼光去看待这一切，也要反复对自己说，这里的一切都是神圣的，你只要用舌头尊敬地舔一下，就会引起"众神"的震怒。

然后，你又想起了那张桌子，上面摆放着许多东西，你却无法猜透桌上放的都是些什么。你也要留意那些带着嘲弄意味的椅子，人们也不允许你跑到上面睡觉。你想起了那些盘子碟子，当你有机会接近它们时都已经空了。你想起那盏灯了吗？它可以驱逐黑暗……有多少的命令、危险、禁令、问题和未解之谜，专横而急促，在你身体里，在你的本能中，压得你不堪重负。这一切从深邃的时间与物种当中发出，每时每刻都在蔓延，侵入血液、渗入到肌肉与神经的机理中，出乎意料地爆发，比疼痛、比主人的话本身、比对死亡的恐惧都更加势不可当，更加力量强大。

…………

四

有一天，在小佩雷阿斯生病前，我看见它坐在我的桌旁，它的尾巴小心地蜷缩在爪子下面，它的头歪着，似乎好奇地问我什么。那时，它非常专注而平静，好像一个虔诚的信徒正面对着他敬畏的神。它因自己的幸福而感到幸福，这种幸福也许我们无法理解，这种幸福从它的微笑中流露出来，憧憬着一种比自己的生活要高等的生活。它坐在那里，一边琢磨着我，沉醉在我的表情中，偶尔还可以平等地对我的表情做出认真的反应来。它通过那双深情的眼睛，向我传递着它的信息，我们俩都很享受这个交流过程。它正在向我倾诉着温情与爱。每当我这样望着它时，这个年轻而热情洋溢的小狗总能乐此不疲地为我带来新鲜、可靠而令人惊讶的信息，仿佛它就是动物当中第一个宣布地球存在的狗，好像我们正身处于创世之初的那段日子。人类在各个方面来讲仍旧处于黑暗的泥淖中，而与人类的命运相比，我更加羡慕它那种笃定的快乐。我自言自语道，一条狗如果遇到了好主人，它其实比主人还要幸福。

A Talk with Dogs

/

作

漫游世界的狗

裴若辰（四年级）

一只狗从纸上钻出来，它属于一支铅笔。

这只狗开始漫游世界，它在任何地方住下，对任何事物吠叫。

狗在水边叫，唤醒了鱼儿和小虾。水只好让出一条路，让狗过去。狗大摇大摆地走了过去。

狗又对着洞叫，吵醒了洞里其他的狗。于是，这些狗吵吵闹闹，吵醒了大地。

狗嫌它们太吵，只好跑到天上，成了云。快看哪，那朵云多么像一只狗！忽然，对面也出现了一只狗，于是两只狗玩在一起，打成一片。

最终，两只狗还是分开了。

狗对着月亮叫，于是月亮上挂满了云朵。狗继续对着月亮叫，月亮逃跑了。

狗卧在天空中，变成了天空。云朵变成雪花飘落大地。

雪地的晚上，月亮紧挨着星星。

狗的自白

杨俐文（五年级）

我是一只老狗，身子又长又瘦，眼眶周围糊着因眼睛发炎而出现的分泌物。我的一生有过很多名字，现在其他的狗管我叫大黄。

起先，我住在富人的家里，吃着上好的炸排骨，喝着甜牛奶。有一天，门外来了一个衣着寒酸的穷人。我怕他偷东西，就冲着他大叫。那人朝我扔了一块石头，骂我是"势利狗"。没过多久，新的小狗被抱回来，我被赶出家门。

一位诗人用一块骨头打动了我，我就跟着他到处流浪。一天，我们露宿在山顶。看着血红的月亮，我诗兴大发，对着月亮倾诉起来，回头却见诗人嘲讽地看着我，嫌弃我打断他的灵感。他用一根吃剩下的长骨头把我赶走了。

一个身无分文的流浪汉用他仅有的半块馒头救活了我这只"丧家犬"。我甘愿跪在众人面前为他乞讨。流浪汉在临死前，把身上所有的钱换成食物，让我饱餐了一顿。我贴着他冰冷的身体，似乎时间并没有随着他逐渐僵硬的身体而流逝。

我老了，很幸福。世界上没有人可以管我，只有时间和命运能决定我的余生。

狗吠

文竹（五年级）

"汪，往。"

一只狗的记忆被释放出来，往事如一串长长的狗吠声，慢慢散开。

"汪，忘。"

一只狗，一只好狗，就应该忘了自由，忘了玩乐，忘掉一切狗的样子。悠闲的日子只是一场梦，一段该被忘掉的记忆。骨头不是它们的工资，而是主人的恩赏，所以，狗愿意忘掉自己，成为人的仆人，成为看门、打猎的工具，成为服从于人的狗。

"汪，旺。"

似乎狗是能带来好运的，它的到来能让人兴旺。看家要狗，因为它"旺"，如果它的主人遭遇不幸，就要怪到它头上。而面对穷人，它还要势利地讽刺一句："汪。"

"汪，望。"

狗在望，望着主人，望着主人的方向，望着骨头，望着主人的赞赏，望着主人的喜怒悲伤，想着如何去讨好。又有哪只狗会好好望望模糊的自己，望望逝去的自由?

"汪,亡。"

悲惨的命运早就在吠声中降临,狗也知道即将来到生命的尽头,它的一生虽"狗全性命",其实却是苟全性命。在出生之前,它的生命就被人控制,它是一只丧家狗。又有几只狗,有真正的家与家人?

"汪,王。"

如果还有机会,它一定放下所有,做自己的王。

狗与人

马梓玹（五年级）

春天，和狗一起到山坡上晒太阳是很舒服的；太阳暖洋洋地晒着草地，狗也被晒着，它惬意地眯着眼睛，似乎得到了天上降下的骨头一般。

但这一切，还要归功于狗的祖先们走出丛林。

现今世界上，狗是与猫一样常见的动物：大街小巷，几乎处处都能见到狗的身影，听到狗的叫声。老人牵着狗，玩赏它；农村的住户们养着狗，命它看门：当人来了，至少作看门状，好先知客人的来意……

狗的用处非常广泛：猎人让狗找寻野味、捕捉野兽，也让它保护自己；爱斯基摩人命狗拉雪橇；美国淘金潮时期，邮差也是用狗和人拉着雪橇，给人们送信；有些地方的人命狗捉鱼，或命狗把鱼赶到浅滩上；战场上，军医须带上最训练有素的狗，去找寻伤兵；警察要抓小偷、大盗，就带上警犬。做这些事都是需要狗的。还有的狗只是一些人的宠物，比如毕加索喜爱的那只腊肠狗，陪伴了毕加索十六年。

狗的用处多，种类也多：从"小花"到"大黑"，从小"叭儿狗"到大得如同人的狗……警犬、猎犬，可以为社会做贡献；小叭儿狗，可以赢得很多人的喜爱；那只世界闻名的莱卡，更不必说了；小说中的"义犬"也是没有争议的，但"落水狗""走狗"是要被打的。"落水狗"已被鲁迅先生打掉，"走狗"如果不打，也难免要"误人子弟"。

虽有"落水狗""走狗"这样"误人子弟"的狗，但其他的狗还是很值得尊敬的——除了"见汽车快躲，见穷人紧追"的"大黑"们。

狗身上有些难能可贵的品质，使它们似乎比某些人要高贵一些：它们不要报酬——一些人干一件小事都要钱。它们没有野心，绝对忠诚，正如小说中描绘的"义犬"一样。

一些狗总能逗人开心：会追着车跑，并和其他的狗比赛；会竖起耳朵听人类的战争故事，听人类怎样自相残杀；在听到热烈的鼓掌声时发疯似的乱跑。所以人们非常喜欢它们。

几千年前，它们的祖先走出丛林，成为人的伴侣，人将狗看得比猫重要——猫死了，埃及人会剃眉毛，狗死了却要剃掉全身的体毛！

一只狗在我的头脑里来回走动：一只虎狗，头是大的，嘴是方的，全身是黄毛带着金花，在柴门里向着外面的世界叫。千年的记忆，使人对狗的印象如此之深。

"我对人了解得越深，就越是喜欢狗。"有人这样说。

人心、狗心

赵健钧（五年级）

闭上眼睛，狗便来到了你的世界。

当黑夜降临时，狗便对着月亮狂吠一阵。这究竟是喜欢，还是讨厌，我们也不知道。狗就是狗，它们不想多证明些什么，只要过好它们的生活就够了。

夜，一只黑狗向你扑来。

它带着怒气，红着眼睛，露出獠牙。不一会儿，它仿佛消失了，无影无踪。

每个人心中都有一只狗，它可以是温柔的，可以是凶猛的，可以是任何性格的。人心中的狗忠诚于人，与人相似。

你可以去想象它的模样，而狗也可以去想象生活。因为人心与狗心是相通的。

黑夜，狗朝着月亮，从内心里发出一声叫喊；又有多少人也在夜晚望向月亮呢？

狗的声音很明亮，每个人都听得到。

人也有不同的性格、模样。人在夜里，或许有时候也想在内心里呐喊吧。

吠

裘依萱（五年级）

清晨，狗从睡梦中被鸡的啼叫声吵醒，他做的第一件事，就是怒斥那叫醒他的公鸡。鸡拍打翅膀，还是不停地叫，只不过两步一飞，飞进了鸡笼里。

中午，烈日当头，狗见了，还是要怒斥这"无知的"、与他对抗的太阳，他认为自己很聪明，却不知道其实太阳离他何止十万八千里远。他就是拼了命吠，太阳也听不到。

晚上，月亮出来了，狗趴在屋顶上，望着那盏"小夜灯"，以为那也是太阳。"太阳怎么又来打扰我？"他想，于是怒斥又开始了。

吠呀，吠呀，狗的一生就是吠呀、吠呀，他是愚蠢的音乐家，认为自己的音乐胜过世间的一切。他不是在给自己找乐子，而是在给自己找精神食粮。然而即使这样，他依然是一只丧家犬。他的头是大的，嘴是方的，这里是它那些音乐的生产厂。而下半部分呢？腿是曲着的，尾巴是夹着的，稀疏的毛成了一块一块的"调色盘"，这就是一只活脱脱的丧家犬。稀疏的毛里嵌着势利与无用的理想，还有那苟且燃着的生命之灯。

  月亮又出来了,高傲的狗,吠呀吠,拼上了命,吠到油灯都燃尽了。

狗

吴玟慧（五年级）

世上有三种人：一种是喜欢狗的人，一种是不喜欢狗的人，还有一种就是对狗"无感"的人。

有的人喜欢狗是因为它们是人类的朋友。它们极警觉，帮助人们察觉危险，是最早放弃自由而在人类手中获取住所、食物的动物。

狗的种类极多，每一种狗都有不同的用处。例如：牧羊犬被用于看护羊群，不让狼轻而易举就把羊抢走；有的狗帮助人看家；有的狗则被养在家中，与人玩耍，它们并没有什么实际用处。

有的人不喜欢狗是因为它们没日没夜地叫，白日对着太阳叫，夜晚则对着月亮叫。狗好似跟太阳、月亮过不去，一见到它们就叫。

有的人不喜欢狗是因为它们会咬人，见到生人就咬，人的裤腿立马出现几个洞。

还有的人不喜欢狗则是因为狗的两个习性：见汽车快躲，见穷人紧追。它们看见富人不叫，看见穷人就狂吠不止，紧追不舍。

现在狗很常见，大街小巷里都能见到狗的身影，黄的、白的、黑的、花的……各式各样,数不胜数。

有一只狗曾看见一群猫在乞求上天能掉下老鼠,它摇摇头,自言自语道:"这群猫都不知道怎么乞求上天。上天只会降下骨头,哪里会降下它们所说的老鼠。猫果然不如我们狗聪明!它们可太傻了!"

也许,狗觉得因为自己聪明,才更受人喜欢吧。

吠

应镕伊（五年级）

夜踏着狗的步子，狗踏着自己的吠声来了。

夜如一个舞台，狗如一面鼓，吠声如鼓声。鼓声惊掉了月亮，也惊醒了人们。

日出犬吠，月出也犬吠，狗无时无刻不在叫。它把自己的一生都贡献给了吠。

"鼓声蓬蓬"，越山掠水到了狗的耳朵里，狗也跟着吠。

鼓声在夜里弥漫，狗的叫声也渐渐散开，满含迷茫。一只狗，在生命的终点发出惨叫，是非常正常的。我养过的一只黑白相间的狗，不会吠叫，似乎这一生也就没什么意义了。狗的生命不在哑，而在吠，狗为吠而生，为吠而死。不知道如何"为吠而死"？就像盖拉新的"木木"一样，在落水前发出一两声惨叫，此生完结。

狗尾草和月亮

潘周惟（五年级）

这是一只棕白色的花狗，它叫什么？也许是可乐、咖啡、巧克力，叫它什么都可以。也许，糖豆最合适，它伸长舌头舔舔嘴，一圈又一圈。

糖豆喜欢狗尾巴草，就像喜欢自己的尾巴。它俯下身子，把脸埋进狗尾巴草丛中。阳光是肉骨头味的，照在身上暖烘烘的。它爱惜自己的尾巴，天天会绕着尾巴转圈。尾巴在天空中划了一个圆，它转晕了，躺下来，身体卷成一个圈。

月亮来了，糖豆看着月亮，像是看到一块会发光的大圆骨头。糖豆跳起来，扑向月亮，月亮笑眯眯的，好像是在嘲笑它。一团云遮住了月亮，糖豆以为骨头被谁偷吃了，狂吠起来："汪汪，汪汪！"可是月亮听不见。

夜深了，糖豆睡了，它做了一个月亮骨头味的梦，梦里有狗尾巴草……

猫·狗·人
郑朝喆（五年级）

狗眼中的世界，与猫眼中的世界大不相同。猫眼中的世界是彩色的，可狗眼中的一切就像黑白照片，孤独又单调。在黑白的视野中，似乎一切都是问号。

人类改变了狗的命运。狗能干什么？给人看门，提供保护，甚至可以充当人的食物。反观猫，除了捉老鼠似乎什么也干不了，现在几乎连老鼠也不会捉了。

可真正要区别猫与狗的特性，得看眼睛，眼睛是心灵的窗户。猫的眼睛是神秘的，似乎想看透这世间的一切。反观狗，那双水灵灵的大眼睛总是盯着你，有一种想请求你把它看透的感觉。

猫、狗、人的本性天生不同，又奇妙地生活在同一个世界上。

老人

吕屹林（五年级）

那只狗就像一位饱经沧桑的老人，如金字塔般悠闲地站在门前，守卫着家。

尽管如此，狗少见多怪的毛病还是不可避免的。主人让它去看守家门，但它常常连自己都控制不了，比如有的狗见了雪，便抛弃饭碗，自由地玩雪去了，它接下来的命运，可想而知。其实，几乎所有的狗都是这样的，"若是开了眼，饭碗皆可免"。

有的狗在夏天见了太阳，便拼命狂吠，免不了被主人揍两棒子。"呜，汪——汪——汪汪——"但这些饱经沧桑的狗仍见日就吠。

"呜——汪汪——"狗一生都在吠，想法也是千奇百怪。有的狗见下了雨，心中却想着像"莱卡"一样去空中冒险；有的狗见河水解冻，担心会有被淹死的危险。

"狗能活到老是一件不容易的事，但也是很荣幸的事。"狗心里想着，自己能吃饱喝足就够了，不幸却被天上掉下来的骨头砸中了。这只老人一般的狗，就这样结束了自己的生命旅程。

雪地上的狗

许一诺（五年级）

雪地上的夜，静悄悄的。它化成一只白毛黑斑的大狗，悄无声息地徘徊于明月之下。

突然，一声犬吠划破了夜的宁静。另一只金黄色的狗怒目圆睁，盯着雪地上黑白相间的狗。这只金毛狗的尾巴竖在空中，像一根金黄的警棍，警告着那黑白相间的狗——"夜"："你是谁？竟敢闯入我的领地！"

夜回答："我乃夜神，是掌管夜晚的神。"不错，夜的眼睛好似两颗星星，毛发就像月光一样柔和，尾巴就是一道流星。

金毛狗打量着夜，脑袋里突然有了一个想法：要是我与它交战，并战胜它，不就等于让黑夜退去了吗？于是金毛狗向夜宣战。

夜哪能忍受这样的挑衅，"汪汪"地叫着，扑上去和金毛狗打成一团。夜好歹是个神，金毛狗哪里是它的对手。即使如此，金毛狗为了能得到主人的一句赞赏，也要拼命战斗。

不久，夜退去了，只留下一只奄奄一息还在想着得到主人赞赏的金毛狗。

使命

高允方（五年级）

九盏灯照着猫，猫望着月亮。一只狗在黑暗中奔跑，狗也望着月亮，一猫一狗一轮月，彼此望着。

明月之夜，一群狗在月光下徘徊。一只花狗，一只黄狗，一只黑狗，一只斑点狗，它们在幻想中上升，上升……一只只天狗划过夜空，在明月上徘徊，望着下面呆立着的自己，心中不免觉得好笑。群狗突然惊醒，原来自己仍在地面，眼望天空，明月仍在，只是天狗无影无踪。

"汪汪、汪汪……"乖巧的叫声换来一根骨头、一碗汤，难得一餐饱腹，毫无怨气。生人来了，"汪汪！"即使是误会，它也会"汪汪"。虽然得不到人们的夸奖，虽然饥饿至极，但为了生存下去，它也要装出一副初生牛犊不怕虎的样子。即便遭到主人的一顿指责，它也不在乎，因为这样能看家护院的自己已让主人觉得光荣了。

能活到老的狗实在不容易，因为它们实在是有时连自己也看守不住。它们在打骂中生存，在恶劣环境下忍受一切。难得饱腹的它们尽力为主人，为主人的家人,为主人的家产拼命。

  月亮上的狗,看门的狗,从小到大艰难地活着的狗,无论哪种狗,都肩负着自己的使命。

狗

奚浚哲（五年级）

一只黄犬被锁在坚固的铁笼里。它是一只无知的狗，一只失去了热情的狗。它遇到生人只是轻叫两声，不敢狂吠。它不会捉鱼，也不会寻找伤员，但是由于它过于可爱，所以我买下了它。

当它走出笼子的一刹那，它感受到了自由的快乐，也感受到了大自然的热情。但是没过一会儿，它就被爸爸粗壮有力的大手抓住放进箱子，被我们带回了家。

它是一只胆小的狗。初次来到我家，它是多么害怕呀！它小心翼翼地趴在箱子里，一动不动，我们给它的食物，它一点也不吃。终于，它饿坏了，吃了第一口我们给它的食物。渐渐地，它越吃越多，有了活力，与我们也亲近起来。它在屋子里开始"寻宝"。遇到什么东西，它都要咬一下。有一次，它遇到了爸爸的洞洞鞋，面对这个新东西，它有些害怕。它碰碰洞洞鞋，洞洞鞋不理它。这下它可生气了，一口咬住洞洞鞋，不停地在空中摇摆。于是我们便给它取名"小调皮"。

但由于没人有空起早去遛它，所以它最终离开了我们，去了一个很远的地方。

黄狗

鲁子烁（五年级）

风日晴和的天气，无人来坐渡船。老人和翠翠坐在门口晒太阳。

"汪。"

一只黄狗从远方欢快地跑过来，朝着主人摇头晃脑示好。它是这个家庭不可缺少的一员，如果少了它，这个家庭的生活就变得不再有趣味。它的名字就叫"狗"，它是小女孩翠翠和爷爷心爱的狗，虽然它有时候很顽皮，但是，它有正义感，每当它觉得主人被欺侮，它都会帮着主人。

"汪。"

这一声狗叫，好像是因为听见了什么可怕的声音而受到惊吓，可能翠翠是这么觉得的。但是，我觉得这只是黄狗在表达对她的忠诚和热情。

"汪。"

这只黄狗的叫声陪伴翠翠度过了快乐的童年。

狗的使命

周家悦（五年级）

狗的使命是看门护院，同时，它们还要处处小心，不然就有可能被人类吃掉。

有一只狗愤愤不平，在一个月圆之夜，它召集了这条街上所有的狗，在一条胡同里开了个大会。

这只开会的狗是一只肥大的黄狗，它率先发言："咳，安静！安静！"整条胡同陷入寂静。"朋友们，大家有没有想过我们的使命？看门？护院？等到老了没用了被吃掉？"一片死寂。

一只黑狗突然站了起来，走到黄狗面前说："我不同意你的话，因为我的主人对我很好，只要我看好门，一有人进来就对着他叫，扑上去咬他，主人就会给我好多美味的剩饭和骨头。"

黄狗低头看着这个比自己小很多的小不点儿，嘴角勾起一抹冷笑，开口道："你以为你那可笑的主人会一直对你好到老吗？等你叫不动了，咬不动了，他还会对你好吗？"黑狗沉默了。

黄狗停下来，用它粉红的舌头舔了舔嘴，它居高临下地看着这群狗，直到确认所有的狗都在听，它才再次开口:"我们的使命不该是这样,天上不会掉骨头,大家记住,我们的祖先是狼,我们应该去丛林过着自由的打猎生活!而不是在这里吃着人类的剩饭!我们是狼的后代,我们要反抗,我们要到野外去生活,我们要做自由的狗!"胡同里众狗沸腾,鸡飞狗跳,好不热闹。

黄狗看着众狗的表现,心想这次演讲多么成功!忽然从它身后冲出来几个人,他们手中拿着木棍,木棍的一头绑着个铅丝活动圈,那个圈一下子套住了黄狗的脖子,黄狗还没反应过来就感到天旋地转。"啪"的一下,它被扔上了车。众狗一哄而散,只留下车里的黄狗和其他几只被套中的狗。

自从黄狗被捕后,众狗安静了好长一段日子,期间再也没有谁在夜里大声吠,也没有谁提起过黄狗,提起过狼和野外。所有狗都接受了自己的命运,就算被自己的主人——人类吃掉,也不再去想什么野外,也不再要什么自由了,它们只是每天重复着从前的日子。

狗有几条命？

刘青岚（五年级）

猫有九条命，那么狗有几条命？

狗的第一条命死于捡骨头。一只狗在桥上，嘴里叼着一根骨头。看到桥下的狗嘴里有一根骨头，它想张嘴抢，没想到自己的骨头掉进了水里。它急忙下去捡，结果被淹死了。

狗的第二条命死于感动。狗在回家的路上见到了主人，它飞快地跑向主人，结果撞到柱子上，被撞晕了。它看见埃及人为了悼念死去的狗，会把全身的体毛剃掉，很是感动，最后竟然感动死了。

狗的第三条命死于爱摇尾巴。狗太爱主人了，对着主人拼命摇尾巴，结果把尾巴摇断了。后来在路上遇到一只老虎，它本想摇尾巴讨好老虎，结果发现自己没尾巴，只好咧开嘴笑一笑。老虎一看，狗竟然对它龇牙，便把狗咬死了。

狗的第四条命死于寂寞。因为怕吵到人，所有狗都不敢叫，只是看着明月发呆。今天月亮特别圆，狗本想叫几声，但见别的狗都不叫，它干脆也不叫了，最后寂寞而死。

第五条命死于……

狗啊，狗，你到底有几条命？

快说！快说！

与狗对视一眼，我明白了：等狗不再因为温饱而放弃自由，不再讨好任何人，那么狗生之旅就到此结束。

狗，你有几条命？

回形针

嵇子悠（六年级）

"它可真瘦。"

毕加索对着画喃喃自语。

阳光把它染成了阿黄，口中叼着的小舟的船绳让它安心，蹲下，听着祖父给水波诉说边城的故事。翠翠知道阿黄很宝贵，一直待它很好。渡船曾对岁月说："慢点，慢点。"可一桨下去，祖父已从青丝到白发。祖父笑了："然哉，然哉！"翠翠也笑了。

阿黄变成了一枚金黄色的回形针，别在了翠翠的童年。在那里，阿黄闻到了一种熟悉的味道——来自一碗豆腐花。

蒂鲁似一枚回形针，夹在藏入云和青鸟的门把手上。

一只黑犬默默地蹲在那，一旁的嬉童叫它"黑虎"，而秋天叫它"黑将军"。

"黑虎"在溥仪的宝座下，"叮叮当当"地跳着，声音很轻，很清。

无数狗形的回形针别在无数回忆之书里。蜜蜂翻开书，发现每个字都会飞；猫翻开书，发现即使有九盏灯陪着也读不完;蟋蟀翻开书,学习起了如何有节奏地鸣叫;狗翻开书,发现一片空白……

"是啊,"珍妮回答,"这只狗瘦得像一枚曾卡在我记忆中的回形针。"

故事

薛乔今（六年级）

狗咬着笔，在纸上写下了一篇《好的故事》。

故事是狗的天堂，在故事里，是狗把月亮从天上吓跑的。它紧追着月亮，月亮跑得远远的，它还对着月亮的背影狂吠——它发现，月亮的背影也像一只狗，这只狗是雾色的，星星是它时而露出的牙齿，黑夜给了它黑色的眼睛，一切都那么平静。狗何以看我两眼？为了这只狗，它叫了一夜。

日出，狗的眼睛如太阳一样红，熬了一夜实在太累，吠声也就停了，它发现月亮的背影也不见了。"好！"它高兴地睡了，想着深沉的夜，早已宽恕了所有的是与非，尽管昨夜它累若丧家之狗。一只狗能叫一夜，真是件不容易的事情。

狗的世界没有铁链，没有鞭子，也没有主人。它们的吠叫声能起死回生，也能改变时间。一只狗能活到老，真是件容易的事。狗道主义，只要你热烈地祈祷，天就会答应降骨头。在这里，牙齿象征着权力，是咬出来的名气。"人和狗不准入内"，牌子上写道。显然，这里是狗的天堂，好的世界，生活在里面的都是好狗。

狗看过《狂人日记》,那一刻,它狂吠着,唱着赞歌。它没有疯,只是怕赵家的那只狗,它叫得有理由。

这时的狗经历了梦一样的一辈子,它知道它的使命是什么,不知道下一世它会去哪。它在月下徘徊,最后看了几眼这世界,它将融于黑夜,跟那只狗一样,最后的吠叫声伴着零点的钟声响起。

故事好长……

今天是狗

谢靖菡（六年级）

今天是一只狗，一只有点疯狂的狗。

今天，世界把时间和生命交给了狗。

白天，是一只白色的狗，它对着少见的太阳狂吠，对着从狗洞里爬出来的狗狂吠，对着邻国的狗狂吠。它无所不叫，想与各种东西对话，包括一段毫无生气的木头。它不停地叫，不知疲倦，这叫声让世界变得嘈杂。

夜晚，是一只长着黑白毛色的狗，身体是黑色的，肚子是白色的，当它把肚子一翻——天亮了。它的舌头是一轮月亮，轻轻地吐出，散发出光辉。那一颗颗牙齿是星星，随着嘴巴的一张一合闪烁着。月夜之下，狗的吠叫声在空中飘来荡去，一切都是听者，世界也是听者。夜，这只狗，来回走动着，黑亮的眸子中映出世界的倒影。

今天是狗。

门

陈奕名（六年级）

狗是人家的门。

只要你来了，这家的狗定会为你按好门铃。于是，"吱呀"一声，在墙张开的大嘴里，狗带着主人出来了。

狗吠一声天下白。

狗吓跑了月亮，唤醒了黎明的太阳，也让关了一夜、身子骨僵硬的门"吱呀"一声开了。毕加索和他的爱犬把一切都交给了时间和命，只留下一点残存的念想给门。十六年好长，十六年好短，在十六年的酝酿里，门揉进了狗的愁思。做一只老狗不易，老狗要领悟的道理，毕加索都未必理解，只有门懂一点点。"你"在门外，狗在门内，一门之隔却是两个世界。

白云如苍狗，筋斗一翻，去叩隐士的门，那扇沉思的中国门。贾岛寻不到隐士，却寻到了隐士的门，隐士的狗。隐士捻捻胡子："万物皆为狗，而门是领悟最深的。"贾岛问为什么，隐者已不在，只剩下推敲的自己和一只黑白花狗——雪地上的夜。

月下似乎很静。

狗的"聪明"全部奉献给了骨头，留给门的只有"愚钝"，反而因为那份愚钝，它才守好了开门时那个神秘的动作，以及关门时那张绝望的面具。狗对生人是冷漠的，眼中带着威严，对门则是亲昵的，因为只有人才会冷落死狗，而门不会。

第一只进入太空的狗——"莱卡"叩的是地球门。可狗刚叩了地球门，就要去问问上天能否为它打开天堂的门了。

夜已深了，夜神宫殿的门后，夜夫人羽翼一展，宽恕了白日所有的是非，却独独漏了狗。狗的吠是风的嘶吼，显露着星星的牙、月亮的嘴，可所有的一切都被门稳稳地接住。门像一剂镇静剂，将狗锁进了体内的宇宙，让它安稳、安静下来。

万物皆为狗，不需要多作证明，哪怕写了四行诗也会被狗全部吃掉。谁都不懂，只有门懂一点点。

狗像光

逯朴（六年级）

今天晚上，很好的月光。

狗那傻子一般的目光，像月光一样扩散开来。扩散在书里，扩散在翠翠的船边，扩散在邻居李寡妇的院里……是谁？将光编织成一根绳，一端系于狗心，一端牵在人的手里，狗的几声"我服，我服……"似乎表示永远的臣服。

淡金色的毛加了点参差不齐的白，身上一波又一波毛的波浪，黄的如日光，白的如月光。不，狗像光，对远处的黑暗止不住地呐喊，但再喊也唤不回过往的时间。

就是这只狗，它的一辈子，它一生的命运，是由黑夜决定的。这是一只被月亮放出来的狗，这是一只傻子一样、会做一些傻事的狗。

狗是光，在河边，在各种地方发光，比摩登贵妇的金银首饰散发出的光还要纯洁。

一声"我服"响起之后，四周突然安静了。

猫有九条命，死去还能重生；狗如射向黑洞的光，一去不复返。狗如"傻子"一般，从不躲藏，最后被印在照片里。它的后面是宇宙,一片黑暗,那里正需要像狗一样纯洁的光去照亮。

狗望着眼前的茫茫,但它的心里却并不茫茫,因为有毕加索陪着,有大黑的老太太陪着,有盖拉新陪着。这次,天降的不是老鼠,而是月光。

又是很好的月光。

我望着当空的明月,心想,我虽无法赶上从前那只"我服,我服……"的狗,但我仍能从空气里、书里、隔壁老赵的家里,感受到那来自时间深处的记忆。

猫与狗

李了（六年级）

祈祷上天降老鼠吧！降骨头吧！

"汪！"一只狗对苏轼叫着，其他狗也都开始叫。待苏轼走远，它们才叫醒猫，让猫打开夜神宫殿；再叫醒月亮。

猫叫了一声，狗吠了一声，前者是魔法，后者则是打破魔法的鼓声。猫的眼中似有九层雾，遮住了它深不可测的眼睛。狗呢？若它的眼中只有一层雾，那便是拒人千里的冷漠与威严；若有九层雾，它便不必看守家门，抑或去看守自己那死魂灵的去向——一不小心便飞上天空，去太空转一圈，成为莱卡二世。不，只有不小心的人，没有不小心的狗！

"黄！"远处有个声音响起，一只猫和一只狗跑过去，惊奇地看着对方："你叫'黄'？"片刻寂静，无人理会它们。"喵——""汪——"只剩下它们的声音在天空回荡。

"白云苍猫？""不，是白云苍狗！"不知是谁叫了一句，千万人的目光一同望向天上的云。云？狗？月亮升起，云或是狗？只听它叫了几声，月亮吓得直打哆嗦,一不小心,掉在了地上,滚到了狗、猫的秘密中,直到九层雾散开为止。

然哉!然哉!吠叫声不能让月亮落地?可月亮还是落了下来,让猫狗们可以尽情炫耀自己把月亮吓跑的伟绩。狮子的雄心,兔子的怯弱,狐狸的狡猾。一声狂吠刺破天空,叫醒了太阳,让盆地里的狗吠日……

吠日?吠月?这是一个问题,但猫永远不吠。它只会遇人便叫一声,小心地叫一声。而狗却大声而威严地叫,叫得人睡不好觉,把话忘了一大半,好似被狗吃了!

猫与狗被冷落死了。世界的选择是将它们抛弃,将它们交给夜神宫殿之王,再交给时间,让时间把它们扔掉,直到新的一轮太阳升起、落下……

"我要一只小猫,我要一只小狗!"

狗吠

张可枙（六年级）

狗是生来就会吠的，它对看见的所有事物吠。

狗对猫吠，是天生的；狗对别的狗吠，也是天生的；狗也会一边追着自己的尾巴，一边大声吠，这也是天生的。狗对人吠，但它不是对所有人都吠。它一见到主人，就摆出一副奉承的样子来。但对主人所讨厌的人，它也必须有一副讨厌的样子，有时会比主人更甚。主人一声吩咐，它便疯狂地吠起来，有时甚至上前又扑又抓又咬，好似那人与它有血海深仇一样——其实不然，但也没关系，若它连抓带咬地给那人的衣服弄出几个洞来，反而被称为"好狗"。

狗还会对太阳、月亮、星星吠。这就有些无缘无故了。尤其对月亮，它吠的次数更多。到最后，月亮也受不住，急忙躲了起来。而狗却还在扬扬得意，自以为赶走了月亮。不过，这也许是天性，不然，怎么会有一城的狗同时对夜空中的月亮大声吠呢？

其实它们也不知为什么吠，你说呢，狗？

"汪汪！"

吠天

刘丰鸣（六年级）

狗吠着，吠日，吠月，吠天；在水边吠，在柴门口吠，在深巷吠。

狗的职责就是吠天，无论是为了守护还是恳求，总要吠天。这是从它的老祖宗——狼那里继承下来的，是刻在骨子里的记忆。它从未想过，它吠，也许会惊走一些王谢堂前燕；也从未想过，它会在明天的杏花香里增加一些狗叫声。

当然，只有"聪明"的狗才会向天要骨头。其他的"野狗"都是倔强的。它会因惹上是非而吠，因黑夜斩断了它所有的是非而吠。就算它知道它的吠叫不会带来任何结果，它仍然在不停地吠着。狗吠，仅是为了抱怨吗？

我想答案是否定的。在抱怨之外，应该还有一种反抗的精神。人与狗也许就是在混沌初开之时，一同反抗自然的"同志"。可狗不知道，它们反抗自然本是"窝里斗"。

狗仍吠着，吠着自然，吠着一切。

狗与月亮

徐莎茗（六年级）

狗好像只在晚上出现，在渡船上，在月亮下。

我们看不见狗的颜色，只看见一双整夜睁着的眼睛。它一心注视着月亮，忽视了一旁的星星及整个世界。

狗突然对月亮狂吠，学着纪伯伦笔下的狗，发疯似的叫着。渡船上的木板开始摇晃，夜也开始躁动不安，除了月亮，所有的一切都深感不适。

狗原来在向月亮求助，让它求求老天降骨头，可无论如何哀求，月亮都置之不理。聪明的狗失望了，它爬到木板上，一动不动，规规矩矩，如同在沉思着什么。它在回想老天已经赐予自己的一切：警觉，会拉雪橇，会捉鱼，甚至会啃骨头。此时才像是忠狗对月亮主人的态度。

月亮终于宽恕了狗的过错，以及那无礼的狗道主义，锋芒也柔和了不少。它的威严总是很有效果，为了寂静，它好像牺牲了温柔。

如此看来，狗怕得有理。

月亮消失了，或许是后半夜装不下去了，只好撒手交给寂静。

狗开始痛苦嚎叫,是为月亮哀悼。天真的狗,以为月亮去世了,不会在明晚重生。

狗想追随月亮,如那只让狗界敬仰的英雄——在太空去世的狗。

天亮了,狗向月亮消失的方向跳起来,不一会儿,狗也消失了。

云里雾里

朱沁怡（六年级）

一阵薄雾轻轻盖住山坡，一只历经沧桑的狗静静地坐在山坡上。它在等待今天晚上的那轮明月……

在月下徘徊，这个想法像雾一样在它的思想中回荡，漾起一圈圈波纹。它并不想对着月亮吠。云朵遮住了月亮，它只想将这陪伴者轻轻叼走。

只认骨头而无思想，这只狗活在这世界上似乎没有意义。其实，狗的一切思想，只有在洁白的云朵与迷茫的雾中才能找到。

白云似灯，照亮狗内心的黑暗。木木的可爱正如天上的云朵，它将对死亡的迷茫化作云里雾里的小鸟。沧桑将一只狗化作一颗星，如今它老了，会化为雾中最亮的一盏灯。

花狗的忠诚从来不会被云朵忘记，它离去后，总会有一片云在它旁边陪伴。

猫总戴着用雾做的面纱，神秘的背后是忧虑；狗仰望天空，它的思想将会一代一代传下去。

狗登上太空，创造了一个宇宙奇迹，雾里的小橘灯守望着它的归来。

被冷落、被抛弃，一切都是注定，一切都那么平静。

在一个同样的夜晚，另一只狗坐在同一个山坡上，它不知道的是，曾经也有一只狗坐在这里，望着天空，放飞自由的思想，饱餐了无尽的黑暗⋯⋯

狗活

顾念（六年级）

"狗，是个玩意儿"。

这句话被刻在墙上，让那些狗印象深刻。它们有的在地上追着自己的尾巴，有的无能为力地蹲着、趴着，等着那一小截骨头，以继续"狗活"。

活着，是这一只只狗毕生的愿望。它们在"狗活"中寄托着自己的一切梦想与快乐。

一切总是会变化的，无论是好的，抑或坏的。一只狗，别人不知道它叫什么，只知它是狗，于是它的称号就是"狗"了。它，这位狗先生，从墙上翻出，向小河奔去，摔了个惨！落得一个杀鸡儆猴的下场，它的尸体被悬挂在门上，是它的主人干的，为了让其他狗知道：唯有"狗活"才能真正活下去。

因为这只狗，从此，其他的狗居然反其主人的道而行之，一个个不要命地用各种方式去越过那道墙、那扇门，向自由奔去，狗中的英雄越来越多。

一只狗走向了翠翠身边，它是一只忠诚的黄狗，静静地守在渡船边。太阳、月亮，升起，落下，周而复始，光洒在它的身上，照得它的皮毛闪闪发亮。这只黄狗一直和翠翠一起生活在边城。

"汪!"狗的叫声在小小的太空舱中回响,莱卡,这只太空狗把"狗活"的意义上升到了太空。狗,当它不再"狗活",它就永远不会是一只丧家狗。从流浪狗到太空狗,一些狗把生命的价值献给了人类,人类记住了它们。

一根根骨头从一些狗的头上掉下,它们一跃而上,争着吃这些骨头。它们的主人笑了,有些狗仿佛也笑了,有些则呜咽着拖着腿和尾巴离开了。

一些狗抢骨头跳起的时候,眼角瞟到了围墙外面的世界,它们这样想着:"我要离开这里,我不要每天只为抢一根骨头而跳跃,我要去看看外面的世界。"它们开始翻墙,越过栅栏。有的狗死了,有的狗逃了出去。不知过了多久,墙倒了,它们冲了出去。文明的气息围拢过来,它们成了狗,自由的狗,它们自由地活着,不是简单地"狗活"。

狗活着,不是别人的玩物,它们忠于自由。

疑问集

白清然（六年级）

月亮是黑暗中的猫眼，升到一座钟楼的顶上，点点流萤是发光的文字，向狗涌来。狗吠深巷中，用声音的弓敲打着厚厚的墙，追问墙内有什么。

墙沉默着，如一本正在打盹的《疑问集》。不，墙在等答案。

一

诗人张枣说，月亮"如止痛片"；诗人六指说，月亮"像挖伤的红薯 淌着白色的浆液"。狗孤独地吠着，遥望月亮那止痛片般的乳白浆液滴滴垂下。

黑暗之猫流泪了？我要接住它的眼泪，还是把它撕成碎片？

狗趴下，在柔和的月色里发出一串串疑问，全身的毛如雾般氤氲开来。疑问之多，翻阅千百本书也无法找到答案，用尽一生的时间都无法解释完，七月为什么不说服自己站在八月之后呢？这样就能将苍狗的十二条命重新编排。一个月就是苍狗的一条命，一年是苍狗生命轮回的周期。

二

一只大黑狗从天空一闪而过,一口啃掉大半个月亮:月亮对它来说和骨头一样美味。黑夜捂着眼睛逃跑了。这似乎是预言书中不祥的预兆。

狗真的会丧家吗?每只狗都有家吗?

哪怕是一只流浪狗,也会找一个安身之处。一个简陋的纸板箱可以装满一只狗的一切。狗的生活很简单:垃圾桶里的食物,群狗追逐的街头。狗的世界也很复杂:S市的小洋楼,金丝银链,洋太太的香吻,飞驰的汽车……到处都可以是狗的家:狗又怎会丧家呢?不过是人类的无稽之谈罢了。

大黑狗一声夜吠,刺穿了黑暗之心。

三

一只老狗在院内踱步。它的脚步好简单、好安静,一步一步印出毕生的经验。它全身上下都透着沧桑,除了那双眼睛:被一小方日光制成的手帕擦得干干净净,终古如斯。

狗不怨恨衰老,它用忠诚的爱宽恕了过去。

它抬头望天,想从那无尽单调的一片蓝里看出岁月的秘密。天空定有一扇门,黑猫藏在里面:是它年轻时吓跑的那群吗?

时间都去哪了？从各国的犬吠中随"止痛片"的"浆液"消失了？

这是个需要用一生来回答的问题，这不是猫配想的问题。

至于狗和猫的仇，我用一本《疑问集》去化解。

黑白

叶宇馨（七年级）

狗的世界是一部黑白片。

在影片里，富人是黑的，穷人是白的。夜是黑的，月亮是白的。狗如同一个永远长不大的小孩，眼里只有好与坏。白天与黑夜交织成一张网，框住狗的思想，让狗眼里只能看见黑和白。

狗是单纯的，心里想着什么，就会做什么。说狗活在过去，那是不错的。在被摩登女人收养时，狗不忘流浪时卑微的本性。在被人遗弃时，狗也不忘富贵时的高傲。狗似乎比世界慢半拍，似乎他与人不在同一个世界。连世界也拿狗没有办法，只好把狗交给黑白的时间。

狗是自大的。他自以为是黑夜里的云朵，可以把月光遮挡，吓跑月亮。可是狗忘了，云对人间可以漠不关心，而他却得仰仗人们的食物与骨头过活。要是无人看云，云仍是云，而如果无人看他，他就会被冷落至死。虽然他天天对着月亮祈祷，盼望天上会降下骨头，但他也知道信仰不能吃，真正给他骨头的是人。

月亮是狗的信仰，狗是月亮的守望者。而门，则是狗的朋友。每个晚上，是门听着狗的狂吠，是门帮狗挡着主人的棍棒。门不能言，但对狗来说，门是最可人的，尽管它如墙般沉默，但狗已经走进了门的心，成了门的代言人。

狗、月亮、云与门，组成了狗的黑白世界。狗在自己的世界里不亦乐乎——他是这个世界的主角。人们说人与狗平起平坐，确实，他们都是故事的主角。但是我不懂狗的世界，云不懂狗的世界，月亮也不懂狗的世界，只有门懂一点点，就那么一点点，门斑斑驳驳地为狗刻上了条条皱纹。

"汪！"

狗用拒人于千里之外的目光死死地盯着月亮。目光在空气中噼啪作响，好像要把月亮烧出一个洞。终于，狗读完了月亮这部书。狗把自己也写成了书。白纸黑字，恰似狗的黑白世界。

恍惚间，狗眼前的黑白开始旋转、纠缠，继而化作漫天的灰……狗知道，他要开始一个永远也醒不来的白日梦了。

圆月

解芷淇（七年级）

在一个灿烂的午后，一狗一人坐在宁静的山坡上。狗追着自己的尾巴，成了一轮圆月。

一轮圆月载着犬吠，慢慢升起。

每到月升，狗们就开始吠，为了一天的结束，为了夜的开始。

作为一只狗，总应该对人们有帮助，或拉雪橇，或抓鱼，或守家，而不是作为摩登女人家中的玩物，这不算狗，至少不算纯粹的狗。

狗如圆月，又如日光。它有圆月般明亮的声音，作为月夜这扇门的钥匙，它在月升时吠，也在黑夜中吠。它又如日光般热情，它在激动时会不小心把你的衣服抓出两个窟窿，会在迎接客人时不吝啬自己的亲吻。

狗是一轮忠心的圆月。它的主人是法国王后，圆月"提斯柏"是忠诚而自由的。它也是一轮伟大的圆月，是为了载人航天事业而牺牲的圆月。

狗是一把钥匙，让不让你进门可要看你是谁。"打狗要看主人"，那么"认狗也可以看主人"，如此看来，毕加索的狗注定是极抽象、极有艺术性的；李寡妇的大花狗一定是被冷落的、孤独的；而牧羊人的狗则是冷漠而有威严的……

圆月挂在空中，当圆月渐残时，狗的命运也将被最后判决。是作为家庭中的一员留在家里，还是在孤独中离开，可要看狗的主人了。

也许在狗们看来，忠诚胜于美丽，勤劳高过安逸。

一轮圆月的香味布满了整条街道，欢声笑语不断，人们在大摆宴席，可桌上的圆月却不再闪耀。

慢慢地，狗停下了对尾巴的追逐，它加速老去，圆月消失。

明月夜

张嘉禾（七年级）

一个没有月亮的晚上，狗在吠，似乎是想把月亮唤出来，可整个夜晚只有一只狗孤独凄凉的叫声。夜晚，本就是被沉默包裹的。狗的叫声，让黑夜更加沉默。

这狗吠好像使人愈发感到凄凉。它叫啊叫，一直叫到了后半夜。那吠声断断续续，最后，它渐渐喊不动了。等到狗吠声消失，天也就亮了。这一整夜，月亮没出来，也不肯出来，月亮并不是狗吠就能吠出来的。月亮总有自己的想法。

又是晚上，明月夜。狗不叫了，它一点声音都没有发出。狗卧在地上看着天上的明月，它的嗓子已经哑了，叫不动了，只好看着月亮。若是没哑的话，它兴许还要叫上两声，表达自己的喜悦。

狗是否想过，在几千年前，它还是狼。它是否还记得呢？几千年前，它也许曾在一个山顶上，对着天空吠。它早已忘却了吧，唯一留下的，恐怕也只有千年之前的那一轮明月。狗的眼睛中带着一丝月光。也正是因为这样，在没有月亮的晚上，狗的眼睛总是发着光。

二十四桥明月夜,月月得它心,月月入它眼。水中的哪一轮月是它的月,哪一只眼是它的眼,狗不晓得,它早已忘记。但,明月还记得。

明月夜,狗不再吠。天上的一轮月进入它的眼,眼是月眼,明亮,清晰。但总有狗会在明月夜中吠,是高兴?是难过?也罢,也罢,明月早已入了它的心。在明月夜,狗的这颗心随着月光跳动。

欣赏明月夜的狗,是有思想的狗。它们不认骨头,认夜空中的那一轮明月。它们用"月眼"来看明月、看世界。

是否月亮或夜晚从世上消失,狗就会失去它的思想?也许吧,它眼中的那一缕月光,会回到几千年前的明月上去。又或许,月光会在它的生命中永存,永存在它的心中。

又是一个明月夜。在今夜,会有一只狗望着月,想着从前与未来。

月与雪

王禹哲（七年级）

　　漆黑的夜空中，挂着一轮很好的月。只有一只黑狗，趴在冰封的渡口，向着月亮狂吠。

　　"汪！汪！汪！"

　　雪是月亮的眼泪，纷飞着，写着一本读不完的大书。在这个冰冷的夜，柴门中只有毫无生机的冷寂，而朱门中依然散出酒肉的臭味。大黑看着人影闪过，它太老了，世界已拿它没有办法，只能撒手把它交给时间和命——第一次下大雪，是什么时候？它用力想了想，很快便放弃了——反正很久很久了。久到什么时候？它说不清。时间只是像雪一样，悄悄地来，又悄悄地去。

　　"汪！汪！汪！"它又摇了摇尾巴，唤醒了它的身体，把目光再次投向月亮。它想起了它的主人，那个摆渡者。一双习惯了撑船的双手，伴随他度过了五十年的时光，五十年啊！不知来回渡了多少人？或许只有月亮才能数得清吧。现在，那条小船早已交给他的孙女。她……

　　一阵寒意袭来，大黑抖了抖身子，散去了积在身上的雪。

"汪！汪！汪！"

大黑继续陷入过去的回忆中。那时，它叫阿黄，它的主人爱它和孙女胜过一切。他常常在月色下，给他们讲古老的战争故事；他们也常去山坡上坐着，看地上的人小得如蚂蚁。一切都那么平静，正如今夜的月色。

"汪！汪！汪！"

人常言，狗是用来看家守院的，结果呢？它却连自己都守不住。它苦笑，自从被大水冲到这里，它便在这个小镇里欺软怕硬地活着。它看到穷人，就扑上去撕咬；看到富人，就摇尾巴，显得十分温顺。它学会了读懂老爷的脸色、小姐少爷的脾气，只为获得立足之处，以及几根骨头。

"汪！汪！汪！"

它看向天空，月夜澄碧得如渡口的河水，雪轻盈，如摆渡人的抚摸。它最后一次看向这片土地，黑暗向它袭来……它闭上了双眼。

初阳在地平线上升起。白日用它深沉的爱，宽恕了夜的是与非。只是，大黑再也见不到了。

没有人知道，它是怎么死的，除了它自己。

它是孤独死的。

吠月

黄海瞻（七年级）

狗与猫是仇敌。

夜为猫披上暗夜中行者的黑袍，那双像圆月一样的猫眼在夜色中格外明显。狗吠月，就像对着猫的眼睛狂吠，一直吠到天明。

对狗来说，狗的主人都是拿破仑，狗忠诚又乖巧，不像猫那样，自由又懒惰，永远天马行空，跟着自己的想法走，狗讨厌那样的生活。猫可以站在城墙看风景，但狗要有一个大院子，或是一艘如翠翠家那样的摆渡船，每天都要吃饱睡足。它不理解，不理解猫的行为。如果它遇到了猫，看着猫那双暗黄的眼睛，狗还是要叫的，虽不知有什么深仇大恨，但就是要如吠月一样叫。

狗喜欢自己的眼睛，黑白分明。月如猫眼，狗也清楚月亮圆缺的规律，从月牙到圆月，再从圆月到月牙。

狗是聪明的，至少它自己觉得是这样。"天上根本不会降老鼠，而是降骨头！"它自信地对着猫讽刺道，用猫一样高傲的语气，然后一转身，夹起尾巴走了。

"臭猫死猫,别从背后攻击我。"狗悻悻地想着。

做狗,太凶悍不行,太懦弱也不行,不解人意不行,太解人意也不行,不然便是"狡兔死,走狗烹"了。

人们喜欢猫,不让狗对着猫吠,就连对着像猫眼一样的月吠也不行,因为人们想看到岁月静好的样子。

狗吠月,如同与猫对视。如果黑夜来临,月不见了,如同吓走了猫,那么狗将会欢笑。

光

袁子煊(七年级)

"我要保护你的,我的小主人,是光说的。"那位《青鸟》里的狗先生仿佛总想这么说。但他不知道的是,在他保护主人的那一刻,他就是光,光就是他。

——题记

每当早晨来时,狗也就化作日光来了。每天,它都比太阳来得更早,然后不耐烦地向东方叫两声,于是——太阳出来了。不过,太阳出来后,它仍不安静,仍在叫,为什么叫?因为周围的一切都变了样,它为陌生的一切而叫。那小桥的石阶上,也许又多了几道岁月的划痕;流水也已经向东逝去,每一滴水都已被替换;就连水边的人家也换了一副模样。渐渐地,当陌生的一切变得不再陌生时,狗,也就不再叫了。

日光逐渐在黄昏的脚步声中隐去,取而代之的是狗化作的月光。现在它坐在柴门里,看着远处晃动的树影,轻吠着。"蝉噪林逾静,鸟鸣山更幽。"犬吠也一定让夜变得越发安静了。过了一会儿,树影随风停而不再晃动,吠声也隐到月光里去了。不久后,叫声又起来了,这次是叫什么?叫它的主人。这已不知是第几个没有主人的夜,那月光似乎也更加缥缈,像是唤久了天涯倦客,声音发颤。夜深了,月光真正的静了。

但还有一处亮着光,那是狗化作的灯光。这次,它没有叫,而是大口地抢着读书人手里的书。它咬着那些白纸黑字,让光也有了韵味。时钟的指针走了一会儿,这点亮光也熄了。

月亮下去了,太阳还在升起的途中。谁在亮?光在哪?抬头一望,原来在天上。无数繁星汇成最后一只狗,它吠着历史,吠着天地间的一切,吠着时间与空间。

光的一轮走完了,明天又是新的一轮。而狗化作光,一直叫着。

"它就在这,是狗对我说的。"

总有一天,蒂蒂尔会这样说。

月城

陈天悦（七年级）

野狗的一生，如散漫的月光。

它们很少安家，总是在大街上流浪，追着穷困潦倒的乞丐不放，或是把晾着的裤子咬出几个窟窿，惹得孩子们满大街地追打。

在野狗的眼里，边城就是一片属于月光的小城。在那里，月光之外只有望不尽的夜，读不完的诗。一只野狗又能从中读出什么？但那一刻，它拥有了诗人的眼睛，眼里闪过无数灵感，它的牙齿像极了月亮。那一刻，没有人将它视为敌人。

月城由狗来守望，不论历史如何更迭，狗的心中依然充满月光。翠翠和爷爷的日子新奇而美好，白天，船一次次靠岸后又一次次离岸。夜晚，它和翠翠一起听爷爷讲几年前的战争故事。它想，做一只人类的黄狗也是如此幸福。

狗想把日子过得慢下来。明月之夜带给狗太多太多的回忆，它静下心来，规规矩矩地在那悠长的小巷徘徊。狗吠深巷中，它想找到那个丁香一样结着愁怨的姑娘。忽然，它看见裁缝铺子里的姑娘，是那个在边城摆渡的姑娘。

狗曾等待过风雪夜归的主人，也曾四处游荡。狗也很疯狂，疯狂地将《狂人日记》撕毁，破坏日记中恬美的月光，疯狂地将月亮吓走。人们说狗是疯子，世界也只好撒手，把它交给时间和命，交给毕加索古怪的油画。

狗始终不忘月城的秘密，可从没有人量过从边城到月城有多远。狗们想去水边的小城走街串巷，也想邀请朴素的祖孙来访。

而月光下的一切容不下嘈杂，一点人声就足以摧毁狗的天堂。它沉默地走着，宣示自己的名字叫作静默。它的心里埋藏了太多太多秘密，一年有十二个月份，狗就有十二条命，或许它的心中也埋藏着被冷落而死的自己。

哪个人没有梦见过自己守望月城？

月夜好长。

黑云

叶悠然（七年级）

狗像一片黑云，翻滚着向我涌来，比夏日的乌云来得还要迅速热情。它一下子扑在我的脚边，吐着粉红色的舌头，浑身上下除牙齿外，唯一的白点——短尾巴摆动着，向我问好。我摸了摸狗的头，向它问好。

狗真是一片黑云！我细细打量它，除去尾巴，它遍体通黑，连一对亮闪闪的眼睛也是乌溜溜的。它不是我的狗，它的主人是一个比我高两个年级的姐姐，但它是我的云。夏天闷热烦躁，可是它一出现，我的心就会跑起来，变成像它一样无忧无虑、吐着舌头笑的小黑狗。

我捉我的黑云为戏，叫着狗的名字说："来追我呀！"狗就向我跑来，它亮闪闪的眼睛是闪烁的星星，黑色的卷毛飘动着，两只平时垂下的阔耳上下飞动，像蝴蝶的翅膀——它会飞起来吧？它总有一天会飞起来的，因为它是一朵黑云。

我停下来，转过身，等着狗追上我，它的主人跟在后面，阳光也尾随着我们。在阳光的普照下，一切温暖又美好。我爱"黑云翻墨"胜过"白雨跳珠"，天上的白云变换再快也抄袭不来狗的灵动。

从此，它的主人跑，让它追时，只要我在，它就总是边跑边回头看我：你怎么不跑呀？我就跑起来，跑到它前面，在不远处等它。这个游戏很傻很天真，像夏天的云。我们乐此不疲。

狗从不乱叫，沉默如云，"默"是为它量身打造的字。只有在房间里，面对门外的未知，它才会壮胆似的叫两声。黑云的闷雷是它的语言，火的活力也是它的语言。它奔跑的样子，横冲直撞，毫无顾虑，白尾巴像火苗一样颤动，像要闯进一片安静的夜，用短短的白尾巴点亮夜的心。

我那奔跑的黑云终究还是和无忧无虑的夏天一起远去了。日子好长。

我与"狗"的对话

与世界对话／与狗对话

与世界对话 / 与狗对话

与世界对话 / 与狗对话

图书在版编目（CIP）数据

与世界对话. 与狗对话 / 傅阳编著. -- 昆明：晨光出版社, 2025.3. -- ISBN 978-7-5715-2446-3

Ⅰ.C49

中国国家版本馆CIP数据核字第202498AM23号

声明

本书在编写过程中，选用了部分散文、诗歌等作品，因条件所限未能与作者/译者一一取得联系，在此致以深深的歉意。敬请本书录选作品的作者/译者及时与我们联系，我们会第一时间与您沟通并妥善处理。

电话：010-88356860
邮箱：neverend@utoping.cn

YU SHIJIE DUIHUA YU GOU DUIHUA
与世界对话 与狗对话   傅阳 编著

出 版 人	杨旭恒
选题策划	千寻 Neverend
责任编辑	李彦池
封面插画	高畅 www.changgao.co
出　　版	晨光出版社
地　　址	昆明市环城西路609号新闻出版大楼
邮　　编	650034
发行电话	（010）88356856　88356858
印　　刷	北京顶佳世纪印刷有限公司
经　　销	各地新华书店
版　　次	2025年3月第1版
印　　次	2025年3月第1次印刷
开　　本	130mm×185mm 32开
印　　张	6
字　　数	94千
ISBN	978-7-5715-2446-3
定　　价	148.00元（全4册）

图片版权支持　　www.fotoe.com

退换声明：若有印刷质量问题，请及时和销售部门（010-88356856）联系退换。